誰もボクを見ていない

なぜ17歳の少年は、祖父母を殺害したのか

山寺 香

ポプラ文庫

服役中の少年が描いたイラスト

はじめに

2014年3月29日、埼玉県川口市のアパートの一室で背中を刃物で刺された70代の老夫婦の遺体が発見された。1カ月後、警察は窃盗容疑で孫の少年（当時17歳）を逮捕（後に強盗殺人容疑などで再逮捕）した。殺害の動機については「金目当てだった」との供述が報じられた。

筆者は事件発覚直後の2014年4月に毎日新聞さいたま支局に赴任し、少年が逮捕された時には行政取材を担当していた。そのため、発生直後に事件を取材してはいなかった。警察担当の同僚が取材していた事件に関する記事を読み、痛ましい事件が少年犯罪だったことに驚きはあった。しかし、孫が祖父母を殺害するという事件は、特別珍しい事件という印象はなかった。素行の悪い不良少年が遊ぶ金ほしさに祖父母を殺してしまったのか……。正直に言えば、その程度のステレオタイプ的な印象しか持っていなかった。少年の逮捕をピークに報道が減り世間の関心が薄れていくのと同時に、日々の仕事に追われて筆者の中でも事件は頭の片隅に追いやられていった。

しかし、この事件はその後、発生時以上の注目を集めることになった。筆者はその年の秋に行政担当から警察・裁判担当に配置換えになり、同年12月にあった少年の裁判員裁判をすべて傍聴した。法廷で明らかになった少年の生い立ちは常軌を逸した過酷なものであり、中でも驚愕した事実は少年が小学5年から義務教育を受けていなかったにもかかわらず、行政機関も周囲の大人も少年を救い出すことがないまま事件に追い込まれていったことだった。さらに少年は住民票を残したまま転居を繰り返し、行政が居場所を把握できない「居所不明児童」だったのだ。

少年は小学5年から中学2年まで、母親と義父に連れられ学校にも通わせてもらえないまま、ラブホテルを転々としたり野宿をしたりして生活していた。さらに、少年は両親から度重なる虐待を受け、「生活費がないのはお前のせいだ」と責め立てられて親戚への金の無心を繰り返しさせられていたという。事件当日も、母親から必ず金を得てくるようにきつく命じられ、祖父母宅に一人で向かわされ、借金を断られて事件を起こした。

ちょうどこの裁判の頃、居所不明児童が虐待死する事件が相次いで発覚し、その存在がクローズアップされていた。社会との接点を失った居所不明児童は、殺害されるなどして最悪の形で事件化しなければ社会から認知されることはない。少年のように、虐待で殺されこそしなかったが、心をコントロールされるように犯罪に追い込まれ、加害者として裁かれようとしている居所不明児童がいたことはさらに大きな驚きだった。

衝撃を受けた筆者は、少年の生い立ちと、「(周囲の大人は事件に至る前に)誰か少年を助けられなかったのか」と問いかけた裁判長の言葉などを盛り込んだ記事をまとめ、記事は判決前日の12月24日の毎日新聞朝刊に「居所不明児　無援の年月」という見出しで掲載された。

この記事には、筆者が想像していた以上の反響があった。少年の境遇に同情し母親を非難する声が多かったが、中には「人ごととは思えない」など、自分の身に引き寄せて読んだ人の声もあった。この事件は特殊な少年が起こした特殊な事件ではないのではないか。こう思ったことが、その後筆者が少年の足跡をたどる取材を始めるきっかけの一つとなった。

過酷な境遇で育った少年は、本来は事件前に福祉行政が保護すべき「被害者」だった。少年は、居所不明児童となった後も多くの機関や大人と接点を持っていたにもかかわらず見過ごされ、じわじわと追い詰められて事件を起こし「加害者」となった。2人を殺害するという重大事件を起こした罪は極めて重く、当然問われるべきものだ。しかし、義務教育の機会すら少年に保障しなかった社会の責任は問われることはないのか。少年が、一身に罪を背負って刑務所で長期間服役し、人々の記憶から忘れ去られていく。そのことを考えると、どうしようもない焦りに似た感情がわき上がり、取材へと突き動かされた。

本書では、少年の生い立ちを幼少期までさかのぼり、特に過酷な生活を強いられた小学5年生以降を中心に少年と関わった人々の証言をまとめた。なお、服役中の少年の母親と、事件の舞台に近い地域で暮らしていた義父にも取材を試みたが、信憑性のある回答は得られなかった。また、少年自身が一審判決後、取材を申し込んだ報道関係者向けに書いた事件までを振り返った手記や、筆者が一審判決後から少年と手紙や面会でやり取りする中で少年が寄せた約30通の手記などを、少年の了承を得て引用しながら、当時の状況や少年の気持ちをできるだけ具体的に記述するよう努めた。

そして、なぜ少年の存在が社会から見過ごされ、節目節目で行政機関との関わりがありながらも救い出すことができなかったのかを検証した。さらに、少年のような居所不明児童を見つけ出すにはどうしたらよいのか、虐待の傷を抱えて罪を犯した人にどのような支援が求められるのかなどについて、専門家の意見を聞いた。

居所不明児童、虐待、貧困……。この事件は現代の社会問題を映し出す鏡のようだ。取材を続けるうちに、そう感じるようになった。子どもの貧困、虐待は年々深刻さを増し、少年のように本来は福祉で保護されるべき子どもがケアされずに犯罪に関わるケースが目立っている。この事件を「特殊な少年が起こした特殊な事件」で済ませてはならない。私たちのすぐそばに、同じような過酷な日々を懸命にサバイブしようとしている子どもたちがいるかもしれない。それは、住んでいるマンションの壁一枚を隔てた場所で静かに起きているかもしれない。私たち大人は、その想像力を働かせることを忘れてはならないと思う。

この本を、遠い世界の出来事としてではなくごく身近で起こりうる出来事として、少年のような子どもの存在に気づいたら自分に何ができるのかを想像しながら読んでいただけたらとてもうれしく思う。

目次

第一章　幼少期

時刻は午後9時に近かった。祖父母強盗殺人事件が起きる前日の2014年3月25日夜、少年と当時4歳だった妹は、母親と一緒に東京都内の国道4号沿いの歩道を歩いていた。

空腹のまま無言で歩き続け、かれこれ1時間近くは経っている。母親と少年は、気分を紛らわすように時々面白くもない冗談で笑ったり、疲れた苛立ちから妹をしかったりした。事件直前、毎日のように繰り返された光景だった。

その直前、3人は浅草（東京都台東区）にある母親行きつけのゲームセンターにいた。母親はいつものように競走馬育成ゲームに興じ、少年に前借りさせた給料を使い果たした。いつものことだが、食事代や当時住んでいた塗装会社の寮に帰るための電車賃すら残っていなかった。妹が「疲れた」とぐずると、少年が抱き抱えて歩いた。

国道4号をJR南千住駅方面から北千住駅方面に進むと、隅田川の南岸に突き当たる。岸の手前には、川に架かる千住大橋に登るための、水色があせた鉄の螺旋階段が見える。

「ばあちゃんたちを殺しでもすれば（金が）手に入るよね」

と、母親が言うので、少年は「そうだね」と笑い、適当に相槌を打った。

幅2メートルほどの螺旋階段に差し掛かると、母親がまた口を開いた。

「さっきの話、本当にできるの？」

ついさっきの冗談話など忘れかけていた少年は「何が？」と問い返す。「ばあちゃんの話」と母親が答えた。

目の回るような螺旋を2周してアーチ型の千住大橋のたもとに立つと、右手の欄干の向こうを静かに流れる隅田川の水面に、両岸の高層マンションの明かりが反射しきらきらと光っていた。

いつもと変わらない景色だった。ただ、螺旋階段を上る十数秒の間に、「冗談」みたいな祖父母殺害計画は、「現実」になっていた。その間に存在したのは、母親の思いつきのような言葉だけだった。

普通ならば躊躇するはずの人を殺すかどうかの一線を、少年はこの時、自分でも気づかないうちに越えてしまったのかもしれない。

祖父母を殺害するかどうかの判断に、少年の意思が入り込む余地はどれだけあったのだろうか。

（※裁判での証言や少年の手記などを基に、事件前日の場面を再現した）

本章では、裁判での証言や関係者の話、少年の手記などを基に少年の生い立ちをたどっていく。

両親と過ごした日々

優希《ゆうき》（仮名）は1996年、埼玉県南部にある荒川を隔てて東京都と接する街の産婦人科病院で生まれた。

父・祐介《ゆうすけ》（仮名）、母・幸子《さちこ》（仮名）と3人で川口市内のアパートに住んでいたが、4歳になる頃、両親は借金が膨れあがってアパートの家賃を滞納。親子3人は夜逃げのように、関東近郊の地方都市で働いていた父方の祖母・春江《はるえ》（仮名）のアパートに転がり込んだ。優希はその街で小学校入学までの2年あまりを過ごした。

春江の話では、転がり込んでしばらくし、一家は春江が借りてくれた家賃約5万円の戸建ての借家で暮らすことになる。借家は春江のアパートから車で5分ほどの場所にあり、古い木造平屋建てで、6畳2間に風呂とトイレがあった。周囲には同じ大家が所有する同じ造りの建物が10棟ほど建ち並び、隣にはパチンコ店があった。祐介は日中働きに出て、その間、優希は常に母親の幸子と一緒に過ごした。幸子は、毎日のように優希を家の隣にあるパチンコ店に連れて行った。

幸子は春江や祐介が家賃として渡した金を大家に支払わずに浪費し、家賃を滞納した。

春江がいつになっても働こうとしない幸子に対し働くよう促すと、幸子は「今仕事を探しています」「働きます」「すみません」と謝った。その姿はしおらしく、反抗的な態度など一切見せたことはなかったという。しかし、一向に仕事を探す気配はなかった。

春江の記憶では、幸子は家賃を滞納したり働かなかったりしたが、人当たりは決して悪くなかった。当時は幼かった優希のこともかわいがっているように見えたという。優希を保育園や幼稚園には通わせず、春江が昼間に訪ねると、雨戸を閉め切った真っ暗な部屋で2人で寝ていることはあった。だが、部屋はきれいに片付いてはいないものの足の踏み場もないほど散らかっているということもなく、優希を風呂に入れるなどの世話もしていたように見えた。

2～3カ月に一度、一家と春江は外食をしながら共に時間を過ごした。優希は両親を「パパ」「ママ」と呼び、両親が春江を呼ぶのを真似て、春江のことは「お母さん」と呼んだ。

春江が優希を連れてスーパーに行った時には、優希はお菓子を見ながら「ほしいな」と言った。春江が「買いなさい」と言うと、うれしそうに笑って遠慮がちに買い物かごに入れた。「あの頃は幸子からひどい仕打ちを受けている様子もなく、子どもらしくてかわいかった」と春江は振り返る。

春江が一つだけ気になっていたことは、幸子が優希から離れることが一切なく、ずっと一緒にいたことだった。春江が優希を気分転換のために近くの店などに連れ出そうとすると、幸子は必ず「私も行きます」とついて来た。母子がこの街で過ごした2年あまりで、春江が幸子抜きで優希と会ったことは一度もなかった。

優希の記憶では、幸子は優希を幼稚園に通わせない代わりに、自宅で計算などを教えてくれた。一方で、自宅の隣のパチンコ店に毎日のように連れて行かれ、優希は幸子が遊び終わるのを店の片隅に置かれた水槽の魚を見ながら待った。店には、自分と同じように親に連れられて来た子どもがいることもあった。幸子は優希に対し「キレる」と、優希を自宅の暗い部屋に閉じ込めた。そのためか、優希は今でも暗い場所が苦手だ。

優希にとって、幼い頃の祐介の記憶はさほどなく、思い出はあまりないという。優希は手記で「唯一（祐介との思い出が）あるとしたら『お前は俺の子じゃない』と言いながら足で畳に自分の顔を押さえたことくらいだ」と書いている。事件後、優希の裁判に証人として出廷した祐介は、そのことは否定したが、検察官に「自分の子どもではないと疑ったことはあるか」と問われ、「正直言ってある」と答えている。

優希が小学生になってから事件を起こして逮捕されるまで、幸子は優希に「お前は父親（祐介）の前に付き合っていた男に似ている」と繰り返し、「車の中でヤッた時にたまたまできたんだよ」と言ったという。自分は望まれて生まれたわけではないのではないか。その疑念は優希の自尊心を根底から揺るがし、以後優希はずっと、誰に似ているのか分からない自分の顔が大嫌いになった。

そんな生活がしばらく続いたが、祐介は人間関係の問題などから勤務先の会社を辞めることになり、幸子と優希を残し、新しい仕事を求めて埼玉に戻ることになった。その頃から両親の関係がぎくしゃくし出す。家賃の滞納など幸子の金へのルーズさに嫌気がさしていた祐介は、周囲に「離婚したい」と漏らすようになっていた。そんな状況をよそに、幸子は祐介や春江が渡した金をパチンコなどに浪費し、家賃を滞納し続けた。

幸子

優希にとっては、この頃の幸子はまだ「いい母親」だった。幸子の行動には、この後優希を追い詰めることになる浪費癖や他者への経済的依存などは既にあったが、幼い優希ではなく、主に祐介に向けられていた。後に事件のキーパーソンとなる幸子は、どんな人物だったのだろうか。

幸子が育った川口市は、荒川を隔てて東京都に隣接し、吉永小百合さん主演の映画「キューポラのある街」でも知られる鋳物の街として高度経済成長期には工場労働者らで活況を呈していた。現在はこうした工業は衰退したが、東京駅まで30分圏内というアクセスの良さから都心に通勤する人たちのベッドタウンとして人口は増加している。外国人人口の増加も顕著で、2016年の総数は全国3位だ。

事件現場となった幸子の実家は、JR川口駅の北隣にある西川口駅から数百メートル離れた住宅街にある。西川口は歓楽街としてかつては風俗店がひしめき合っていたが、2005年頃に警察などが徹底した浄化作戦を展開し、風俗店は姿を消した。

事件当時、殺害された祖父・達夫《たつお》（仮名）と祖母・和子《かずこ》（仮名）が2人で暮らしていた部屋は、外階段がついた昔ながらの古い木造2階建てアパートの2階にあり、幸子もここで育ったようだ。

幸子には父親違いの13歳年上の姉がいる。達夫と結婚した時和子は再婚で、連れ子の姉は当時小学5年生だった。幸子は、達夫と和子が結婚後の1972年に生まれた。

長年金属加工工場で働いていた達夫は定年退職後も同種の仕事に就いていたが、事件の約1年前に原付バイクで事故に遭って骨折し、それを機に退職したようだ。パートのような仕事をしていた和子も腰を痛めてからは働いておらず、事件当時2人は年金暮らしだった。

幸子は地元の公立小中学校を卒業後は、定時制高校に入学したが、入学後間もなく中退している。その後はアルバイトをしていたものの長続きせず、スナックやキャバクラで働いていたこともあったようだ。その前後から幸子は遊び歩くようになって家に戻らないこともあり、達夫と和子が幸子を捜して回ることもあった。この頃から異性関係や金銭問題でトラブルが目立つようになったとみられる。

幸子は事件までに、3回の結婚と4回の出産をしている。最初の夫とは1991年頃に東京都内のディスコで知り合い、2人の子どもをもうけたが、離婚後は夫が子どもを引き取り、その後子どもたちとは会っていないようだ。

1995年頃に知人の紹介で知り合った2番目の夫・祐介との間にも間もなく子どもができ、優希が生まれた。優希が小学生の時に2人は離婚し、幸子はその後、水商売の人が利用するインターネットの掲示板サイトで知り合ったホストの亮《りょう》（仮名）と再婚した。亮との間に女児（結衣《ゆい》・仮名）が生まれ、亮が事件直前に失踪するまで幸子と亮、優希、結衣の4人で寝食を共にしていた。

結婚すると決まって幸子は働かなくなり、夫の稼いだ金を浪費した。手持ちの金がなくなると、夫や自分の親族に繰り返し金を借り歩いた。そのため、親族からは「厄介者」として疎まれるようになっていった。

事件直前には金を借りに来た幸子や優希を怒鳴りつけるなど厳しく接した達夫だが、関係者の裁判での証言や近所の人などの話によると、実子である幸子をとてもかわいがっていたという。幸子は、事件の1年前に達夫が事故で骨を折った時には病院に付き添い、腰の悪い和子に寄り添って歩く姿を近所の人がたびたび目撃していた。カメラが趣味の達夫は、幸子や優希、結衣をモデルに撮影することもあったようだ。
幸子が金を貸してほしいと頻繁に頼むようになると、和子は達夫に隠れて金を貸したり、借金を返済しないことに腹を立てる達夫と幸子の間に入って仲を取り持とうとするなど、幸子には甘かった。幸子の証言によると、亮の勤務先の社員寮で暮らしていた幸子たちの部屋に遊びに来たこともあったという。

取材で浮かび上がってきた幸子が育った家庭は、経済的にとりわけ困窮していたわけではなく、本人が望めば高校以上の教育も受けられる環境にあったようだ。優希が起こした事件には幸子の性格が深く関わっていたが、幸子自身が特殊な家庭環境で育ったという証言は、幸子を知る関係者の話や捜査過程においても、出てきていない。捜査関係者は「両親共に子どもをかわいがっており、普通の家庭で親が子どもにしてやるようなことはしていた。一般的な家庭だ」と話していた。

両親の別居

春江が住む街で約2年を過ごし、幸子と優希も、優希の小学校入学を機に祐介が働く埼玉に戻ることになった。

親子3人が住むさいたま市内のアパートは、春江が探して契約をした。昔からの住人の家が建ち並ぶ静かな住宅街にあった。4世帯ほどが入居する古い2階建ての木造アパートで、近所の人によると簡単な外付けの階段が付いていた。

アパートがあった場所に行ってみると、既に取り壊されており新築の真っ白な住宅が建っていた。近所の人に話を聞くと、事件が起きた年に取り壊されたのだという。付近の家に一家を覚えている人がいないか話を聞いて歩いたが、覚えている人はいなかった。

この頃には祐介には交際している女性がおり、アパートにはほとんど帰ることはなく、ほどなくして別居状態となった。

優希はここで、4月に地元の公立小学校に入学した。幸子は埼玉に戻ってしばらくは水商売などで働いたこともあり、優希も休むことなく学校に通っていた。

スポーツが苦手だった優希がクラスの男の子と仲良くなるきっかけがほしいと思った時、幸子は放課後などに一緒にサッカーの練習をしてくれたことがあった。優希は手記で、「この時の母が一番自分にとって良い母だったと思う」と振り返っている。

幸子の変化

優希にとって平穏な生活は長くは続かなかった。優希が小学2年生の後半になると、幸子はホストクラブに通うようになった。

幸子は次第に毎日のようにホストクラブに通い詰めるようになり、働かなくなった。食事も作らず、優希が学校から帰るとコンビニのカルビ弁当がテーブルの上にポツンと置いてあった。朝起きると、まだ酒臭い幸子が冷たくなったハンバーガーを優希に差し出したという。

幸子の変化は、優希に孤独を感じさせた。

これまでいつも2人だった生活に他者が入り込み、幸子の自分への関心が薄れたように感じられたからだ。

「自分は近くに誰も居ない感じがして学校で注目を集めるために色んな悪戯をしたりするようになった。今思えば母が自分を見てくれるのを望んだのかもしれない。そんなことがあっても、母は変わらなかった」（手記より）

幸子は一緒にホストクラブに通う女性の友人や親しくなったホストを連れて帰宅し、自宅で飲み直すことも珍しくなかった。寝ていた優希は「場の空気が崩れないように」と、輪に入って一緒に甘い酒を飲むこともあった。

ホストや元ホストが複数人、幸子の家に居候することもあれば、幸子の女友達が入り浸って、働いている風俗店の話をしたり、ホストクラブが出しているDVDを流し続けていることもあった。

優希の手記によると、ある時、女友達2人が優希にズボンと下着を脱ぐように指示し、携帯電話のカメラで優希の下半身を撮影した。近くにいた幸子は女友達の行動を止めることもなく、画像は後日、ホストクラブで笑いのネタにされた。

この頃の生活は、もう無茶苦茶だった。優希が学校から帰ると牛乳配達員の男性が自宅に上がり込んでいたり、幸子と金銭トラブルになった男が押しかけてきて玄関のチェーンを壊し、優希しかいない家に居座って警察を呼ぶ騒ぎになったこともあったようだ。

優希は幸子に対し、言いたいことを言えなかったわけではない。優希が「稼いだお金を全部ホストに使ったら意味なんてないじゃん」と抗議すると、幸子は「私が稼いだ金で行ってるんだからお前は関係ない」と言って優希の胸ぐらをつかんだ。居候のホストが慌てて2人を引き離した。

この頃から幸子は、優希に対し「言うことを聞かないなら施設に行ってもらう」

と言うことが増えた。そして、言うことを聞かせるために「5、4、3……」とカウントを始めるのだった。優希は次第に幸子がカウントを始めるだけで条件反射のように恐怖を感じるようになり、自分から「何をすればいいの？」と尋ねるようになっていた。幸子はそんな優希の様子を面白がるように、意味もなくカウントを始め、慌てる優希を見ては「私、数を数えているだけだけど」と笑った。

幸子は優希を連れてよくゲームセンターにも行った。そんな不規則な生活の中で優希は次第に朝起きられなくなり、学校を休み始めた。そのため登校しづらく感じて「学校を休みたい」と言うと、幸子は口では「行かないと駄目だ」と注意したが、結局「1000円くれたら休んでもいい」と言い、優希が親戚のおばさんからもらっていた小遣いから1000円を渡すと、休ませてくれた。小学4年生になると、優希はほとんど学校に行かなくなっていた。

両親の離婚

優希が小学4年、10歳の時、小学校に上がる頃から別居をしていた祐介と幸子が正式に離婚することになった。

幸子は優希に「ママの方にくればほしいものはあんまり買ってあげられないけど、ずっとそばにいてあげられる。でも、パパの方に行けばものは買ってくれるかもしれないけれど、あまりそばにはいてくれないよ。それに女の人だっているし」と言ってきた。

優希は祐介のところに遊びに行った時、祐介の交際相手の女性に会ったことがあったが、当時はあまり良い印象は持っていなかった。幸子はこうも言った。「私はもう結婚はしないからずっとそばにいれるけれど、パパは結婚すると思うよ」「父は多分あの人と結婚するのだろう」。幸子の周囲にも複数の男性がいたが、優希には幸子が特定の人と長く一緒にいたり、結婚したりすることはないように思えた。すると「自分が母の方に行かないと母は一人になってしまうのではないか」と心配になり、幸子の元に残ることを決めた。

小学校での生活

優希が小学2年生の頃に幸子のホストクラブ通いが始まり自宅にホストら複数の人が出入りするようになったが、優希は4年生まではきちんと学校に通っていた。

欠席が目立ち始めたのは突然だった。４年生の１学期中は計５日ほどの病欠を除いて学校に来ていたが、２学期になると欠席日数が出席日数を上回るようになり、２学期の後半から３学期には片手で数えられるほどしか出席しなくなっていた。

４年生の担任だった田中先生（仮名）は、優希のことをよく覚えていた。当時まだ若かった田中先生は生徒たちと気さくに打ち解け、クラスは和気藹々《あいあい》として落ち着きのある雰囲気だったようだ。優希にとってもこの頃のことは良い思い出だったようで、学校を休んだ時に自宅まで迎えに来てくれた田中先生のことを逮捕後も覚えていた。休みがちになった２学期、久しぶりに登校した優希が教室の前で入りにくそうにしていると、クラスメートが次々に「久しぶり！」と声をかけて優希を迎え入れたこともあった。

当時の優希はどちらかというとおとなしく、自分から騒いだり自己主張したりするタイプではなかった。いつも笑顔で女子にも優しく、休み時間には他の男子は校庭で走り回っていたが、教室で女子と絵を描いたりするのが好きだった。漫画が得意で、自分を漫画のキャラクター化した絵を描いたりして遊んでいたという。他の男子とは少し違っていたが、優希はみんなに優しく、女子も男子も優希の個性を自然に受け入れ慕っていたという。

国語の授業では、班ごとに分かれて物語の登場人物がどんな人かを話し合ったことがあった。優希は「自分が、自分が」というところはないが、グループ内では意見をきちんと話し、他の生徒の意見にも耳を傾けていた。田中先生は、他の生徒の意見に「それだ！」という具合に生き生きと反応した優希の表情を鮮明に覚えていた。

優希の髪の毛は当時から少し長めだったが、その髪が4年生の後半になるとボサボサとし出したと、田中先生は感じていた。その頃から「親戚が来る」「おじさんのところに行く」などを理由にした欠席が目立ち出した。

そのうちに無断欠席するようになったため、田中先生は授業の合間をぬって優希のアパートを何度も訪ねた。たいていは幸子も自宅におり、薄暗くたばこのにおいがする室内から幸子が下着のようなパジャマ姿のままで玄関に現れた。田中先生と話をするでも、文句を言うでもなく、ただ眠たそうにしていた。

優希が一人で自宅にいる時に訪ねると、ちょうど幸子と金銭トラブルになった男が玄関のチェーンを壊して家に入り込み、警察が来ているところに出くわしたこともあった。

家庭環境に問題はあったが、優希はクラスにもなじんでおり、田中先生にとっては登校してこない理由が分からなかった。電話で「眠い」「疲れた」と話す優希に、「迎えに行くから一緒に学校に行こう」と言って自宅まで迎えに行ったことも何度もあった。「学校に来さえすれば友人もいて、給食も食べられる。家庭に問題があったとしても、とにかく学校に来てくれれば何とかなると思っていたから、来させたかった」と振り返る。

当時さいたま市にいた優希の転校の話が出たのは、４年生の３学期が終了する頃だった。突然姿を消したわけではなく、事前に幸子から「実家がある川口に戻る」と申し出があり、３学期の通知表も渡されていたようだ。しかし、優希はその後川口に転居することはなかった。

最後に田中先生はこう話した。「学校で何とかしようとしても、家庭ですべてひっくり返されてしまうとどうにもならない。優希君は性格も学力も、まったく問題ない子どもだった。問題は家庭環境にあった。とはいえ、犯してしまった罪は、きちんと償ってほしい。それが優希君のためと思う」

アパートから追い出される

幸子と優希が住んでいたアパートは、父方の祖母・春江が保証人となって契約し、祐介が幸子に渡した家賃を幸子が納めることになっていた。しかし、幸子は家賃をホストクラブやゲームセンターなどで浪費し、滞納を続けた。

家賃の滞納分は、春江がまとめて支払った。「あなたが働けば家賃くらい払えるでしょう」と諭《さと》す春江に対し、幸子は「仕事を探しているんですよ」「働いているんですよ」と見え透いた嘘を繰り返した。

幸子はその後も滞納を続けた。離婚の成立後は春江も滞納家賃の肩代わりをやめ、幸子は退去期限までに家賃を支払わなかったためアパートを出て行かざるをえなくなった。

退去期限の日は寒かった。近所に住む当時大家だった女性によると、アパートの管理は不動産会社に委託していたため幸子や優希と面識はなかったが、夜にアパートを見に行くと、道路に運び出された家財道具の横で幸子と優希が白い息を吐き震えながら迎えを待っていた。女性は2人に缶入りのホットドリンクを手渡したという。

夜遅く、仕事を終えた祐介がトラックでアパートにやってきて、荷物を荷台に積んで運び出して行った。

離婚に当たり、祐介と幸子はいくつかの取り決めをした。それは、祐介が毎月4万円の養育費を支払う、祐介が月に何回かは優希と会う、互いの両親に迷惑をかけない、という内容だった。

〝金づる〟の男性と暮らす

アパートを出た幸子と優希は、幸子が働いていた店の客の中年男性と3人で、さいたま市浦和区内のアパートで暮らすようになった。優希の知らない男性だったが、幸子が「金づる」と考えているのだろうと思った。ほぼすべての生活費を、男性からの援助でまかなうようになった。

間もなく、幸子がいなくなった。夜に出かけたまま帰らず、優希が携帯電話に電話しても連絡は取れなかった。幸子の不在中は、同居する男性が仕事帰りに買ってきた弁当や、家にあったカップラーメンを食べて過ごした。

ある日、幸子からメールが届いた。「今、名古屋にいる」「結婚したい人がいる」

という内容だった。幸子が結婚することはないと思っていた優希はうろたえ「2人で幸せになろうって言ったじゃん」とメールで返すと、幸子からは「私は幸せになってはいけないの？」という返信が来た。

優希には、幼い頃からかわいがってくれていた父方の親戚の女性（以下、「おばさん」と表記する）がおり、月に数千円ずつ小遣いを振り込んでくれていた。幸子はそれまでもその金をあてにし、優希に金を要求することも珍しくなかった。数日後、幸子から再び届いたメールには「家に帰りたいけれど金がない。生理なのにナプキンも買えないし、ご飯もサンドイッチを分けて食べている。今、いくらある？」と書かれていた。幸子の帰りをひたすらに待っていた優希は、おばさんからもらった小遣いの中から、貯金していた1万円を幸子の口座に振り込んだ。しかし幸子は戻らず、再び連絡が取れなくなった。

「裏切られた」。優希はショックのあまり、食欲をなくし、風呂にも入らなくなった。まるで廃人のように録画したアニメをビデオテープがすり切れるほど繰り返し観たが、内容は頭に入らなかった。幸子に捨てられた絶望と恐怖に打ちのめされたこの経験は、優希の深いトラウマとなったようだ。まだ大人の保護がなければ生きられない優希の心に、幸子の不在は命を脅かす強烈な恐怖として植え付けられ、優希はその本能的な恐怖から逃れたい一心で一層強く幸子を求めるようになり、幸子との関係はより密接で歪なものになっていったのではないか。

幸子が戻る

幸子が突然戻ってきたのは、いなくなってから1カ月が経った頃だった。同居する男性が仕事に行っている時間帯を見計らって、20代の若い男を連れてひょっこりと帰ってきたのだ。男は、後に幸子と再婚して優希の義父となる亮だった。

幸子の話では、水商売などをしている男女が集うインターネットの掲示板で知り合った亮を追い、亮が働くホストクラブがある名古屋に1カ月間行っていたのだという。「お金を振り込んだ時になんでスグに帰ってこなかったの」と問うと、幸子は悪びれる様子もなく「あんだけの金で帰れるわけがない」と答えた。

幸子は男性が帰ってくる前にそそくさと必要な荷物だけをまとめ、今度は優希を連れてその日のうちに亮と3人で再び名古屋に向かった。

亮との生活が始まる

幸子と祐介の関係がぎくしゃくし始めた幼少期以降、常に2人で過ごしてきた幸子と優希の関係は、亮の登場によって変化していった。

幸子はそれまで、優希がおばさんからもらっていた小遣いを頼りにしつつ、「2人で一緒に幸せになろうね」と言うなど、優希を夫や恋人のように扱ってきた。優希も両親が離婚する際に幸子が一人ぼっちにならないよう、祐介ではなく幸子の元に残ることを選んだ。

しかし、亮が登場し幸子と優希の生活に入り込んだことで、2人のある意味「甘い」関係は、加速度的に歪みの度合いを増していくことになる。

名古屋に行ってから、優希は昼から夜までは亮が働くホストクラブの片隅で過ごし、深夜は3人でホテルに宿泊した。そして、宿泊のための金が尽きると、閉店後のホストクラブで寝泊まりするようになった。優希はホストクラブの営業中も店の隅にいたため、他のホストが面白がり、客に優希を「新しい従業員」と紹介して店に出すこともあったという。

亮と一緒に暮らすようになった頃、優希は「結婚を認めるか認めないかは俺が決める」と幸子と亮に言ったことがある。それに対し亮は、「お前を子どもとして連れて行くか行かないかを決めるのは俺たちだから」と言い放った。幸子はそれを聞いていたが、何も言わなかった。

幸子が亮の言葉を黙認したことに、優希はひどく失望した。この時の落胆した気持ちを、手記には、「10年ちょっと一緒にいる存在なんてこれほどまでに軽い存在なのかと思った」と記している。

埼玉に戻る

名古屋での生活費が尽きると、3人は幸子と優希が中年男性と暮らしていたさいたま市内のアパートに戻ることになった。男性の姿はなく、部屋の中は荒らされ、幸子の下着が引き出しから引っ張り出されて散乱していた。

幸子と亮は、男性がいなくなったその部屋で暮らすことに決めた。ホストクラブを辞めていた亮には仕事はなかったが、亮も幸子も働こうとはしなかった。幸子は優希が持っていたゲームなどを売ったり、優希に命じておばさんに嘘をついて金を借りさせたりして生活費にした。かつかつの生活で、食事は白いご飯に魚肉ソーセージといったありさまだった。

そんな生活が1、2カ月続く中で、亮の暴力的な面が現れ出した。優希の手記によると、何かのきっかけでキレると、暴力に歯止めがかからなくなるのだ。標的は「自分よりも弱い」と思った相手で、小学生だった優希がターゲットになった。

金も尽きそうになり男性の家で勝手に暮らす生活も行き詰まりを見せ出すと、幸子と亮は男性から金をだまし取ろうと企てた。

幸子が中心となって、男性をだますための「設定」を決めた。設定は、幸子と優希がホストクラブの借金を取り立てられる側で、亮が金を取り立てる側というものだった。

家に男性を呼び出し、男性と幸子と亮で話し合って男性が金を支払うように仕向けた。男性は「手持ちの金がないから調達してくる」と家を出て、しばらくして現金数十万円と亮への手土産を持って戻ってきた。

その後の行動も3人で打ち合わせ済みで、まずは亮が家を出て、しばらくして幸子が「今日からおばさんのところに優希を遊びに行かせるから送ってくるね」と嘘をつき優希を連れて家を出た。

3人は事前に決めておいた待ち合わせ場所で落ち合い、だまし取った金でホテル暮らしを始めた。

金がなくなると、幸子はまた優希に、おばさんに金を無心させた。

ホテル暮らしは長くは続かず、金が尽きると幸子と亮は静岡県西伊豆町の旅館での住み込みの仕事を見つけ、電車で静岡県に向かった。到着した駅で、幸子は「切符をなくしてしまった」と嘘をついてキセル乗車したという。

《静岡県での生活》学校に通う

静岡県に移った2007年10月から、優希は両親が住み込みで働くことになった西伊豆町の旅館近くにある町立小学校に通い出した。旅館での仕事を始めるにあたり、手続きが必要だったのだろう。一家はこの町で住民登録をしている。

優希の手記によると、学校に通えるようになった当初はいじめに遭って早退を繰り返したが、幸子と亮が学校に相談をして以降はいじめはなくなり、普通に通えるようになったという。

しかし働き出して間もなく、幸子は「仕事のことを考えると吐き気がする」と言い出し働かなくなった。しばらくして亮も働かなくなり、優希がおばさんに嘘をついて金を振り込んでもらう生活に逆戻りした。

働かなければ当然旅館の寮にはいられなくなり、一家は夜逃げのようにして静岡を後にした。優希に久しぶりに訪れた学校に通える「普通」の生活は、わずか3カ月で終わってしまった。優希は手記にこの時の気持ちを書いている。「引っ越しをする度に自分の大切な物を失った。友達だと思っていた人との文通の手紙、学校での写真、学校との関係物が無くなったのが辛かった」

一家は住民票を西伊豆町に残したまま、突然行方をくらました。優希が通っていた学校では両親の勤務先に連絡を取るなどしたが、優希の行方を突き止めることはできなかった。優希の学籍は規定に従って1年後に学校から削除され、一家の住民登録も削除された。

《埼玉での生活》
「居所不明児童」となる

静岡を後にした一家は、埼玉県に舞い戻り、さいたま市緑区内のラブホテルで生活するようになった。さいたま市では住民登録はされず、優希の学籍も宙に浮いた状態になった。優希は、行政が居場所を把握できない「居所不明児童」となった。

ホテルは幸子の実家がある川口市とさいたま市の境近くにあり、1キロほど歩くとJR武蔵野線の東川口駅に出る。優希はここで、2008年1月から2010年2月までの2年あまり、家もなく学校にも通わずに過ごした。

ホテルは幹線道路から住宅街に少し入った場所にあり、車でチェックインし戸建ての部屋に泊まるモーテルだった。

当時モーテルがあった場所を訪ねると、小ぶりな敷地に新しい家が建ち並ぶ住宅街に姿を変えており、モーテルがあった形跡は何もなかった。それでも付近に昔からある住宅や事務所に話を聞いて回ると、当時モーテルで働いていたという女性が見つかり、さらに管理人だった男性の話を聞くことができた。

管理人だった70代の男性の話では、モーテルの敷地は約600坪ほどあり、複数の戸建ての客室が建ち並んでいたという。木造平屋建ての客室は約12畳の寝室と4~5畳の風呂、トイレ、洗面所がついていた。客が飽きないように、室内は2~3年に一度は趣向を変えて改装した。

宿泊は午後8時から午前10時の使用で、料金は1泊4700円。土日は5200円だった。

亮はそこから自転車で出勤し、幸子と優希は毎日チェックアウトの午前10時にモーテルを出て、チェックインの午後8時に戻ってきた。料金は日ごとに支払っており、トラブルを起こすようなことはなかったという。

管理人は一家に、従業員がいる事務所の向かいにある一番古い部屋をあてがった。長期滞在である上、子ども連れの滞在は珍しく、目の届く場所においておきたかった。

その日暮らしの生活

モーテルに滞在した2年あまりは、亮の日雇い仕事などの給料や優希が親戚らから借りた金でその日の宿泊料金を支払うという、その日暮らしの生活が延々と続いた。

朝、亮が仕事に出かけ、幸子は優希を連れてチェックアウトすると、東川口駅前にあるゲームセンターや漫画喫茶などで午後8時のチェックインまで時間をつぶした。

入店時に支払う金がない時には、料金後払いで漫画喫茶に入店し、優希は亮がその日の給料を持って迎えに来るのを「本当に迎えに来てくれるのだろうか」と不安な気持ちで待った。

部屋にはベッドが一つしかなく、3人で一つのベッドに川の字で寝た。優希の手記によると、亮と幸子は優希が隣で寝ていることなど構わず、性行為をした。あまりにもベッドが激しく揺れ幸子の大きな声が聞こえてくるので、優希は嫌でたまらずソファに移って眠った。とはいえ寝室は一つしかなく、別の部屋に避難することはできない。

優希に性行為を見せるだけでは飽き足らなかったのか、亮は突然優希の顔をつかみ自分の性器を押しつけ、優希の口にねじ込もうとしたこともあった。幸子は優希を助けるどころか、近くで笑っていたという。

こうした両親からの虐待は、思春期だった優希の心に大きな濃い影を落とし、その後もずっと優希を苦しめ続けることになった。この頃から男女問わず他人を気持ち悪いと感じるようになり、人が近くにいたり触られたりする状況が耐えられなくなったのだ。それを何とかして克服しようと見たくもないアダルト動画や本を無理に見たりして努力したが、人への嫌悪感と恐怖心は変わらなかった。

手記では当時の心境を以下のように綴っている。

「人を見てキレイとかカワイイとか、かっこいいとか見た目だけを見るんだったら大丈夫だが、直接誰かが目の前に居る状態は本能的に恐怖を覚えてしまう。女の人だったら第一に性について、第二に暴力を含めた性格、男の人だったら第一に暴力的な態度、第二に性について、どうしても調べようとか、そんな風に考えてしまう。この時ぐらいから自分には人というのが分からなくなっていった。この人は誰なんだろう？　と。何を話したってその人が何を考えているのかは分からない。そんな風に考えてしまっていた」

管理人の記憶

管理人の男性は当時、モーテル内の清掃や客室、植木など外回りの手入れ、井戸水の管理などを任されており、客からきっちり料金を受け取り、1日に1回やってくるオーナーに手渡すのが仕事だった。手帳にその日にあったことをメモで書き残しており、きちんとした仕事ぶりがうかがえる。

一家に関するメモも残っていて、当時の様子を、7～8年が経過した取材時も鮮明に記憶していた。たまに駆け落ちなどで1年以上滞在するカップルはいたが、子連れでの2年に及ぶ滞在はやはり異様だったのだ。

優希の印象は、「礼儀正しくかわいい子」。たまに事務所に電子レンジを借りに来ることがあった。「おじちゃん、レンジを借りてもいい?」と尋ねてからコンビニ弁当を温め、使い終わると必ず「どうもありがとう」とお礼を言って部屋に戻って行った。「母親似のイケメンでかわいい顔をしていた」

幸子の印象は「綺麗なお母さん」で優希とは仲が良さそうに見えた。亮は「イケメンで優しそう」な印象だった。服装も小ぎれいで、部屋から怒鳴り声が聞こえたりトラブルを起こしたりすることはなく、優希が虐待を受けていることには気づかなかったという。

当初幸子は「学校が長期休みだから子どもを連れて来た」と言っていたから、管理人は「休みが終わればいなくなるだろう」と様子を見ていたが、予想外に滞在は長びいた。しかし、事情を聞いたり警察などに通報したりすることはなかった。「おかしいなとは思ったが、事情があって飛び回っているのかなと思った。ホテルでは家庭の事情には踏み込まない。それはお客さんに対して失礼。それに、私たちはお金をもらえればいいのだから」

一家は、出て行く直前に3泊分の部屋代約1万5000円を踏み倒し、管理人が立て替えた。そのことを除けば、2年間宿泊代を毎日支払い、外出する時には「行ってきます」、部屋に戻ると「ただいま戻りました」ときちんと挨拶もした。

亮に支払い能力が本当にあるのかを確認するため、朝、自転車でホテルから仕事場へ向かう亮の後を追い職場を突き止めたこともあった。川口市内の食品会社の冷凍庫で食品管理の仕事をしており、会社の人に話を聞くと「まじめに働いているよ」とのことだった。父親に仕事があり、宿泊代をしっかり支払っていた優希一家は、決して悪い客ではなかったのだ。

優希が〝稼いで〟家計を支える

モーテルで暮らした期間中、亮の日雇い仕事が常にあったわけではなく、次第に仕事もなくなり金が尽きるようになっていった。亮が稼げなくなると、生活費を調達するのは優希の役割だった。

　幸子が考えたのは、優希に小遣いを振り込んでくれていたおばさんに嘘をついて金を振り込んでもらうことだった。

　金を頼む時には、幸子と亮がもっともらしい嘘を考え、優希がメールなどをおばさんに送った。中学で野球部に入ったという作り話を核に、ユニフォーム代、グラブの修理代、練習中にチームメートにけがをさせた治療代、合宿代などありとあらゆる嘘をついた。次第に幸子が優希になりすましてメールすることが増えた。幸子は優希を連れておばさんの家の近くまで行き、優希に訪ねさせもした。それでも金が手に入らなければ、幸子の両親で後に事件で殺害された祖父母の家、幸子の姉の家、他の親戚の家などを次々にまわり、優希にインターホンを押させて金を無心させた。自分たちは、近くの路上などで優希が金を持って戻ってくるのを待っていた。

　一審のさいたま地裁公判で証人として出廷したおばさんの証言によると、この時期を中心とした約4年の間に小遣い以外に振り込んだ総額は400～500万円に達し、送金回数は300回以上に上った。断っても断ってもメールが来たため、優希に金を渡すために借金までしていた。この常軌を逸した執拗な〝取り立て〟は、優希を使ってこれをさせた幸子の性格特性を象徴的に表しているのではないだろうか。おばさんが優希を孫のようにかわいがり心配する気持ちにとことんつけ込み、金が取れると判断したところからは徹底的に搾り取っていたようだ。

3人のこの頃の生活について、実父の祐介が地裁公判で証言したエピソードがある。

優希が13歳になった頃、祐介の携帯電話に幸子から連絡があり、金を無心してきた。祐介は断ったが、あまりにしつこかったので金を渡す約束をし、神奈川県川崎市のＪＲ川崎駅で会うことになった。駅には優希が一人で来た。

養育費の振り込みは続けていたものの、2年ほど前に優希と会った時に一緒に来た亮とトラブルになったことがあり、それ以降は優希とも会っておらず、2年ぶりの再会だった。

裁判で祐介は、久しぶりに対面した時の優希の様子について「金の話ばかりだった」と振り返った。

待ち合わせは駅の改札で、祐介が改札の外、優希が改札の中にいて柵越しに会話をするという不思議なものだった。

優希は「部活でお金が必要だ」と説明すると、早く戻りたげに祐介に約束の金を催促した。祐介は優希の不躾《ぶしつけ》な態度を少しとがめてから「お茶でも飲もう」と誘ったが、優希は「ここでいい」と頑なに拒んだ。

祐介の証言では、祐介が「そんなに生活が苦しいなら、こっちに来ればいい」と言うと、優希は「大丈夫。心配しないで」と答えた。柵越しの会話は2時間に及び、最終的に優希は祐介から5000円を受け取った。

その直後、駅の構内放送で優希の名前が呼ばれ、「お連れの方がお待ちです」というアナウンスが流れた。優希はいそいそと駅の中に姿を消したという。

構内放送を不審に思った祐介が駅の係員に尋ねると、「成人男性が放送を頼みに来た」と教えてくれた。おそらく亮だったのだろう。

「こんなに待たせてこれだけか?」。幸子と亮から「2~3万円借りて来い」と命じられて祐介と会っていた優希は、やっとのことで手にした5000円を差し出すと、2人から罵倒された。幸子と亮は、優希に別の親戚から金を借りさせるため、優希を連れてその足で親戚宅に向かった。

それが、事件前に祐介と優希が会った最後になった。

祐介は幸子と、優希が成人するまでは養育費を支払う取り決めをしていた。川崎駅で別れてからも、祐介は月４万円の養育費の振り込みを続けていた。

ある日、幸子から祐介に「養育費が早目にほしい」と連絡があり、しばらくすると手紙が届いて「月４万円の生活費を３カ月分いただいたら、今後は一切養育費をもらわない。迷惑もかけない」と書いてあった。祐介が12万円をまとめて振り込むと、幸子からその後の連絡は一切こなくなった。

目の前のホテル代やゲーム代、パチンコ代を工面するため、その後も数年にわたって毎月受け取れるはずだった養育費を放棄してしまったのだ。合理的に考えればするはずのない選択をしているところに、目の前の刹那的な快楽を最優先してしまう様子がうかがえる。

テントで野宿する

モーテルで生活を続けている最中、幸子が亮との子どもを妊娠した。幸子は以前から子どもをほしがっていて「女の子がいい」などと言っていたが、自宅もない中で子どもを産むことに優希は反対だった。優希は「自分たちの面倒すらみられないのに、もう一人なんて絶対に無理。育てる力もないのに子どもを産み育てる資格なんてない」と大反対し、幸子に「子どもはいらない。生まれたらすぐ殺す」とさえ言って抗議したが、幸子は聞く耳を持たなかった。

一方で、亮の収入がなくなり親戚からもなかなか借りられなくなると、金が底をつきホテル代を工面できなくなっていった。日中は埼玉スタジアム２００２の周りを歩いたりベンチに座ってひたすら時間を潰し、夜はモーテルの敷地にテントを張って野宿した。モーテルの従業員がくれた客室用の茶請けのせんべいを食事代わりにした。

モーテルの敷地内で野宿するという、にわかには信じ難い光景だが、一家が野宿していた様子を、管理人も記憶していた。管理人によると、ある日モーテルに出勤すると、敷地内にテントが張ってあり、「どうしたの？」と尋ねると、幸子か亮に「お金がない時はテントを張らせてほしい」と頼まれた。これまでにテントを張る客などいなかったが、宿泊料をきちんと支払っていた客だったので、許可したのだという。

妹の誕生

　モーテルでの生活も2年を過ぎた頃、幸子は一度も産婦人科に通院しないまま、女児を出産した。1年でもっとも寒い時期だった。幸子はゲームセンターで知り合い親しくなった子連れの家族に連絡し、その家族の助けでさいたま市内の産婦人科で飛び込み出産をした。生まれたのは女児だが、幸子と亮は女児の出生届を提出しておらず、女児は戸籍のない子どもとなった。

　幸子は女児を結衣と名付けた。出産後、幸子と亮、優希、結衣の4人はその家族の家に1カ月ほど居候した。しかし、家族との間で金銭トラブルが起きるなどし、幸子は「嫌気がさした」と言い出した。

　居候している家の母親が幸子に数十万円を預けて外出した時、幸子は突然優希に「この金を持って逃げるから」と告げた。家には幸子と優希、結衣の他には、この家の小学生の子ども一人しかいなかった。あらかじめ待ち合わせ場所を決めておき、まずは幸子が「娘を散歩に連れて行く」と家を出て、続いて優希が「飲み物を買ってくる」と家を出た。これまでの経験からすぐに金が尽きて生活に困ることは容易に想像できたので、優希はその際、売って換金できそうなゲーム機を盗んだ。その後亮も合流。2年あまり過ごした埼玉を後にし、金を持って神奈川県横浜市に逃げた。

見過ごされた「居所不明児童」

優希がモーテルで2年以上暮らしていた事実を知った誰もが感じる疑問は、長期間子どもが学校にも行かずにモーテルで暮らしていたのに、従業員らは警察や児童相談所に通報したり、優希を助ける手立てを取らなかったのか、ということだろう。

元管理人によると、当初は長期休み中の滞在と思っていたが、長期休みが過ぎても一家がモーテル暮らしを続けたため、従業員の女性たちの間では「警察に届けようか」という話が出て管理人にも相談があったという。管理人は、「家庭の事情だから、踏み込んではいけない。あんたたちはタッチしない方がいいよ」と諭したという。その後も女性たちは優希を気にかけ、中には作ってきた肉ジャガを差し入れた人もいた。

モーテルには月に一度、地元署の刑事が薬物の取り締まりのため定期的に立ち寄っていた。付近では車上狙いの被害も多く、管理人が被害の情報を提供したり、違法薬物を使用している客について通報し捜査に協力したこともあった。

客のプライバシーには踏み込まないという暗黙のルールはあったが、優希の滞在が長引くとやはり気にはなった。一家が宿泊するようになって間もなく、管理人は刑事が立ち寄った時に「小学生くらいの男の子がいるけれど、休みが終わったらいなくなるかな」と軽い感じで話した。その後、休みが終わった後に再び訪れた刑事に1、2回、さりげなく子どもが滞在していることを伝えたが、刑事の関心はもっぱら違法薬物で、薬物に関する情報以外は右の耳から左の耳という感じだった。それ以来、管理人も刑事に優希に関する話をすることはなかったという。

モーテル側が一家について通報しなかったのは、最後の3日間を除き、一家が宿泊料金をきちんと支払っていたことも大きく関係していたようだ。「お金をもらうのは1日1日が勝負で、私たちはお金をもらえさえすればいい」。こう言うように、管理人は亮を尾行して職場を突き止めて宿泊代を支払える客かどうかを見定めるなど、与えられた職務を遂行していた。優希のことは個人的には気になることではあったが、客としては一家は決して「悪い客」ではなかった。

また、幸子が妹を出産した直後、埼玉県内の児童相談所は、事前に受診がない飛び込みで女児を産み、その後知人宅から金を持って行方をくらませた一家がいることを把握していた。その際に優希が学校に通っていないことや、一家4人の名前と生年月日なども把握していたようだ。金を持ち逃げされた家族または、幸子が出産した病院が児相に通報したとみられる。児相にはそれ以外に一家に関する記録は残されておらず、その後一家に接触した形跡はない。

第二章　祖父母殺害まで

《横浜での生活》

深夜、まだ首が据わるか据わらないかの生後数カ月の結衣を抱っこひもに入れて抱き、優希は幸子と亮と横浜スタジアムの周りの道路や公園を行くあてもなく、ただひたすらに歩き続けた。スタジアムの周辺は清掃が行き届き、ゴミくず一つ落ちていないほどクリーンに保たれていて、家のない優希たちが横になれるような隙はほとんどない。すぐ隣には、横浜市役所や横浜市中区役所の庁舎がある。横断歩道を渡りながら、優希はあまりの疲労と眠気に、立ち止まって寝てしまったこともあった。

「生きてるのがただただ辛いだけだった。確たる自信のない奇跡という存在だけを追い求めて、何も見えない全く消えない闇の中で迷っている感じだった」（優希の手記より）

街灯に照らし出された大都市の真ん中で、わずかな闇を縫うようにさまよう子連れの一家に、目を留めた人はいただろうか。

再び野宿生活が始まる

居候していた家から数十万円を持って逃げた一家は、横浜市内で生活を始めた。最初の頃は、持ち逃げした金でホテルに泊まった。この頃になると、優希をかわいがってくれていたおばさんから金を振り込んでもらうことが難しくなっていた。幸子は「父親が死んで葬儀代が必要」などと嘘をついていたが、父親が存命であることがばれ、それ以降は相手にしてもらえなくなったためだ。亮の日雇い仕事だけが収入源となった。

亮の仕事が毎日あるわけではなく、ホテルには3日に一度泊まれればよいという状況になっていった。ホテルに泊まれない日は、児童公園で野宿をしたり、横浜スタジアムの周りのベンチで寝たりした。

しかし、子連れでの野宿は人目につきやすい。何度か警察官に職務質問されたこともあったが、幸子が「この子（結衣）が外で散歩しないと寝なくて」「鍵を持っていなくて閉め出されちゃって。家族の帰りを待っているんですよ」などと作り話をすると、警察官は立ち去ったという。とはいえ、不審に思われないように、一晩中寝ずに歩いたり、雨の日は人目につかない建物内の階段で寝たりするようになった。

生後間もない結衣の面倒は、もっぱら優希がみた。結衣を抱っこひもで抱き、もっとも苦労したのはミルクを作ったり沐浴のためのお湯を手に入れたりすることだった。お金がなくミルクを買えないため、腐りかけの牛乳を飲ませざるをえず、どうしようもなくなると牛乳配達で玄関先に置かれた牛乳を優希が盗んで妹に与えたこともあった。

自分たちの食事は食パンを分け合うことが多かった。スーパーの前にとめられた自転車のかごに入った買い物袋を盗み、食料にしたりもした。そんな生活の中でも、幸子と亮はなけなしの金でたばこを買って吸った。優希は結衣のミルクさえ買えない状況での無駄遣いが許せず2人に抗議したが、逆に「その歳でたばこを吸わない方がおかしい」という言葉が返ってきた。

夜通し歩きまわった後は、駅から始発に乗って電車の中で仮眠を取った。亮の仕事がある日は、支払いを後払いにして幸子と結衣と3人でカラオケ店に入店して眠り、夕方に亮が日雇いの給料を持って来るのを待った。亮の仕事がない日は、ひたすら駅から駅までを歩いたり、百貨店をはしごしたりした。

エスカレートする亮の暴力

一家がもっとも多く夜を過ごしたのは、ＪＲ菊名駅から徒歩数分の住宅街にある児童公園だった。四方をマンションやスーパー、線路、道路に囲まれ、住宅や事務所が密集した地域にある。子どもが２人乗れるかどうかの青色をしたカバが大きく口を開けた遊具と、同じくらいの大きさの小さな赤い滑り台が印象的な公園だ。児童公園としては比較的広く、すぐ隣にテニスコートがあった。道は夜間も人通りがあったが、公園の中ほどは暗く、道路から人目につきにくかった。水飲み場もあったので、髪を洗ったり結衣のミルクを作ったりすることもあった。

結衣はベビーカーに乗せたまま眠らせた。１日中歩き回っていた優希は、眠さに耐えきれず隅のベンチで睡眠を取った。公園で朝方まで過ごすと、一家は駅まで歩き、始発に乗って眠った。

裁判での優希の証言などによると、ある日、明け方になり優希はいつものように駅に向かうためにベンチから起き上がったが、あまりの眠さに立ったままうとうとしてしまった。すると、いきなり亮が優希の顔面を殴り、口から血と共に白い歯がポロポロとこぼれ落ちた。血が止まらず口からあふれたが、亮は「あーあ、こっちが手をけがしちゃったよ」「靴が汚れるから、その血をどうにかしてくれない？」と言ったという。

亮は、大人の自分たちは夜中に公園で眠れば、通報でもされないかと気にして横になることもできないのに、優希だけが人目も気にせず眠っていることに腹を立てたようだった。優希は「殺意を宿した目」で亮をにらみ、助けを求めて幸子の方を見た。幸子は優希を助けるどころか、「自分が悪いんだから仕方ないんじゃない？」と突き放した。

前歯がごそっと折れたが、病院に連れて行ってもらうこともできず、痛みからろくに食べ物も食べられない状態で自然治癒を待った。前歯は根本は残っているものの茶色く変色し、食べ物を噛む本来の機能も果たせなくなった。

その頃、ホームレス生活に疲れた亮のストレスやいらだちはピークに達し、優希は以前にも増して頻繁に殴られるようになった。

当時のことについて優希は手記に「絶望。恐怖。そんなことしか考えられなかった。東神奈川駅前でマウント状態で殴られることもあった。ホテルに泊まっている時も当たり前のように殴られた。母にも殴られて歯が欠けたりした。死ねたら楽だろうな。何度もできないことを考えた」と綴っている。

死すら考えるほど絶望していた優希に対し、幸子はさらに追い打ちをかけるように「もうみんなで死ぬしかないね。青木ヶ原樹海に行ったり」「私が風俗で働くしかないのかな」などと繰り返し、罪悪感を刺激して金を調達してくるように仕向けようとした。

やっと手にした金をホテル代やパチンコに浪費する生活は、やはり優希には理解できなかった。そんなことを思いながらも、優希は幸子の求めに応じ続けた。

生活保護を受給する

絶望に満ちた生活に一筋の光が見えたのは、生活保護を受給することになった時だった。よく野宿していた公園の近くに公立図書館があり、いつものように時間を潰すためそこに立ち寄った時、入り口近くのチラシ棚に生活困窮者向けの行政の相談窓口を紹介するチラシが置かれているのを見つけた。幸子と亮のどちらが相談したのかは定かではないが、幸子は支援などの介入を嫌っていたため、亮が相談したとみられる。当時は真夏で、半年近くに及ぶ野宿生活に疲労が限界に近づいていたのだろう。

相談を受け、一家の生活保護の手続きを行ったのは横浜市の中区役所だった。子連れだったことから、学校に行っていれば中学2年生になる優希と生後半年の結衣の対応に、区役所から連絡を受けた横浜市中央児童相談所が当たることになった。

区と児童相談所の対応

一家が横浜市中区役所に保護されたのは、暑さの厳しい2010年8月中旬だった。

区の生活保護を担当する課は、8月16日に中央児童相談所に連絡。連絡を受け、児相からは担当係長、ケースワーカー2人、保健師の4人がその日のうちに区役所に駆けつけ、一家と面談している。こうした場合は通常2人以上の職員が対応することになっているが、関係者によると、保健師も含めて4人が出向くことは珍しい。乳児を連れての野宿生活であることから緊急性が高いと判断し、一時保護を念頭に置いた人員配置だったとみられる。

実現しなかった一時保護

区の担当者と児相職員らは、面談で幸子と亮に2人の子どもたちの一時保護をすすめた。しかし、幸子たちは「家族一緒でないと駄目だ」と頑なに拒否したという。職員たちが「説得」を続けたが両親の姿勢は変わらず、最終的に一時保護を断念した。

この時、保健師が結衣の健康状態を確認した。住まいがない暮らしの中でも優希が懸命にミルクを調達するなどして世話をした賜だろうか、結衣の健康状態に問題は見つからず、発育、発達は「概ね良好」と判定された。優希の前歯が4本折れていたことは見過ごされてしまったのか、優希の体にも虐待の傷などが見つかったという記録はないという。

一時保護を見送る代わりに、区は一家が生活保護を受けて区内の簡易宿泊所を住まいとし、区や児相から生活を立て直すための支援を継続的に受けることを約束させた。一時保護という瞬発的な対応ではなく、区と児相、学校といった関係機関が情報共有をしながら緩やかな形で一家を見守る支援方法を選択した。

なぜ一時保護できなかったのか

虐待、乳児連れでの野宿、居所不明児童……。これだけの異常ともいえる要素がそろっていながら、優希と結衣が一時保護されなかったのはなぜなのか。事件が起きた後に振り返れば、誰もがそう考えるのではないだろうか。

一家が区に相談し児相と面談をした最初の段階で、区や児相が一家の過去の状況をどれだけ詳しく把握できていたかは不明だ。少なくとも当時野宿生活であったことは分かっていたが、2人の子どもの体に傷やあざがなく両親も優希自身も申告しない以上、その段階で過去の虐待を把握することは難しい。

だが、身体的虐待を把握できなかったとしても、そもそも小学生の子どもを学校に通わせず野宿させること自体が明らかな虐待に当たり、十分一時保護の対象になりうるのではないか、という疑問がわく。

このことについては、区から連絡を受けた児相が保健師を含む普段より手厚い人員で一家との面談に臨んでいることから、児相も同様の認識を持っていたことがうかがえる。

子どもたちを一時保護する際に障害となったのは、親が拒否した場合に児相が強制的な保護に踏み切ることのハードルの高さにあったとみられる。

一時保護は児童相談所の判断で実施できる行政処分で、児童相談所運営指針では、親権者が一時保護を拒否した場合に児相が強制的に保護できるかどうかについて「一時保護は原則として子どもや保護者の同意を得て行う必要があるが、子どもをそのまま放置することが子どもの福祉を害すると認められる場合には、この限りでない」とされ、親が拒否しても一時保護はできることになっている。ただし、「親権を行う者の同意を得るよう十分な調整を図る必要がある」という注意書きも添えられている（その後、2016年に運営指針が改正され、「保護者や子どもの同意がなくとも、子どもの安全確保等が必要な場面であれば、一時保護を躊躇なく行うべき」と改められた）。

一時保護とは別に、児相にさらに強力な権限が与えられているものとして「臨検・捜索」がある。臨検・捜索は一時保護を行うための手段で、保護者が任意の立ち入り調査を拒否するなどした場合、児相が裁判所に虐待を疑う根拠や保護者との交渉記録などを提出して裁判所が認めた場合、虐待が疑われる家庭に強制的に立ち入り子どもを保護することができる。裁判所の許可があり、実施に当たっては警察官が立ち会うなど強力な後ろ盾がある。

一時保護は裁判所の許可は必要ないが臨検・捜索のような後ろ盾はなく、親の同意がない場合には児相の対応は慎重になる。

関係者は、「親が拒絶しても一時保護を強行できるということにはなっているが、児相職員は警察官のように逮捕権やピストルを持っているわけでもなく、そう簡単にはできない。児相に寄せられる虐待の通報の中で、駆けつけた時にけがをしていたり命の危険があれば即保護だが、そういうケースはごく一部で、大多数がグレーなケースだ。過去に虐待を受けたことがあるかどうかは後々の関わりの中で徐々に分かっていくもので、当初は分からない。その状況で、親がどんなに拒絶しようと無理やり保護するのはとても難しい」と話す。

児相が最初に面談した際に優希と結衣の体にはあざなどの虐待の痕跡は認められず、健康状態も良好だった。優希本人からも虐待を受けているという訴えはなく、差し迫って命の危険があるような状況とは判断されなかった。

最終的に区と児相は一時保護を見送る代わりに、家族が一緒に暮らしながら、時間をかけて家庭環境を改善する支援を行い一家の生活を立て直すという方法を選択した。区や児相が継続的に家庭訪問を行い、両親の就業や優希の就学などをサポートする支援策を立て、幸子らもこれに反発することはなかった。関係者は、これら一連の対応について、「当時としては妥当なものだったと思う」と語った。

3年ぶりに「居所不明」が解消

区の生活保護の担当課と児相が一家と面談してから間もなく、区は無戸籍の状態だった結衣の戸籍を作った。幸子と亮、優希も横浜市に住民登録され、優希も簡易宿泊所近くの公立中学に行けることになった。しかし学校に通っていなかった期間が長かったため、まずは近くのフリースクールに通うことになり、9月から通学することになった。支援は、優希と結衣を親元に置いたまま、区と児相、学校が連絡を取り合いながら進められていった。

児相の家庭訪問

生活保護を受給した一家が暮らすことになったのは、日雇い労働者らが暮らす簡易宿泊所が建ち並ぶ地域だった。

宿泊所は6階建てで1階に管理人室があり、全部で28室あった。部屋は最上階の

6階の4畳半一間で、宿泊代は一泊2200円だった。トイレと炊事場が共有で風呂はなかったが、4分100円の共有シャワーがあった。宿泊所の利用者は日雇い労働の単身男性がほとんどで、家族連れは珍しかった。

一家の部屋を児相職員が家庭訪問したのは10月20日のことだった。事前に約束した日時にベテランの男性のケースワーカーが一人で訪ね、両親と優希、結衣の4人と面談した。区からの第一報で児相が最初に一家と対面した時にいた職員の一人だ。

部屋は狭いがとりわけ散らかっているということはなく、灰皿など危険なものは机などの高いところに置かれて床に危険なものが落ちているというようなこともなかった。赤ちゃんが生活する場として、最低限の安全は保たれていると判断された。

優希はケースワーカーが話しかけなければ自分から発言することはなく、ケースワーカーの目には「両親の陰に隠れて何となく影が薄い印象」と映った。

優希は会話の中で9月からフリースクールに通い始めたことをケースワーカーに報告し、横浜に来る以前のことについて「小学生の時にいじめに遭い学校に行くのが怖くなった」「何度か転校して勉強も遅れて学校に行きづらくなった」などと話した。

優希が児相を訪ねる

家庭訪問の帰り際、ケースワーカーは優希に「フリースクールの帰りに児相に立ち寄りなよ」と声を掛けた。児相とフリースクールが比較的近い場所にあったためだ。

家庭訪問から6日後の10月26日、優希はケースワーカーを訪ねて児相にやって来た。「おいでよ」と言っても来る子はなかなか少ないが、優希は律儀に約束を守った。

家庭訪問の時には両親の後ろにいて自分から話をすることはなかったが、児相ではフリースクールでどんな活動をしてきたかなどを話し、ケースワーカーの目には「明るい表情」に見えた。

自分の置かれてきた状況をケースワーカーに分かってもらいたかったのだろうか。優希はこの時、転居や野宿を繰り返してきたこれまでの生活についても語っている。

児相が関わる子どもたちの中には、両親がいないところで両親に対する不満や批判をはき出す子が少なくない。優希は幸子たちが一緒の時よりもよく話をしたが、両親への不満や虐待を受けていたことを口にすることはなかった。感情的になるでもなくこれまでの暮らしについて語った後に、「自分にはどうしようもない。親について行くしかない」と言ったという。

小5でホテル暮らしを始めて学校に通わなくなって以来、優希はほとんどの時間、幸子と行動を共にしてきた。横浜でフリースクールに通い始めて幸子と離れる時間ができたが、フリースクールでは自分の過去の生活などについては語っていなかったようだ。筆者の推測にすぎないが、そんな優希が一人で児相を訪ねて自らの過去を語ったのは、「助けて」という言葉にはならなかったものの、今から思えば優希なりの精一杯のSOSだったのかもしれない。

その後も区が中心となってこれまでと同じスタンスでの支援が続いた。年内には幸子に働くよう促し、結衣を保育園に預ける手続きなども進められたようだ。

フリースクールでの生活

教室のような室内でクリスマス会の時に撮られた、1枚の写真が残っている。サンタやウサギなどのかぶり物で仮装しおどけたように笑う5~6人のスタッフと、彼らを囲むように並んだ15人ほどの子どもたち。当時中学2年生だった優希は、左後ろの場所に、青と赤のチェックのパーカーを着て立っていた。笑顔はなく、その表情から感情は読み取れない。しかし、これまで引っ越しや夜逃げのたびに学校での思い出の品を失ってきた優希は、後日この写真をもらうことを心の中では楽しみにしていた。けれど、優希が写真を手にすることはなかった。

小学5年から学校に通っていない優希にとって、学校に通うのは3年ぶりのことだった。

9月から通い出した一つ目のフリースクールには9回通ったが、集団生活になじむことに主眼がおかれ勉強の時間がほとんどなかったため、学校で勉強がしたかった優希は通わなくなった。そのため、10月下旬から児相の近くにある別のフリースクールに通うようになっていた。クリスマス会の写真は、ここで撮られたものだ。

二つ目のフリースクールは、横浜市から委託を受けたＮＰＯ法人が運営して不登校児を支援している。午前中は自主学習の時間、午後は体育や習字などの集団でのプログラムがある。

初日の面談で、優希は「漢字をマスターしたい」「算数をしたい」と勉強への意欲をみせ、「パソコンが得意」「漫画を描くのが好き」とも話したという。

優希はここに、翌年2月までの間に計13回通っている。毎日通ってきたわけではなく、たまにぽつんぽつんと姿を見せた。「妹の世話をしなければならない」などと、早退したり遅刻したりすることもあった。フリースクールに来ない日は、結衣の世話をさせられたり、幸子に連れられてゲームセンターに行ったりしていた。

優希が在籍した当時に働いていた女性スタッフは、優希が黙々と漢字ドリルに取り組んでいた姿を覚えていた。几帳面で小さく丁寧な文字で、ひたすらにマスを埋めることに没頭していた。優希は中学2年だったが、女性スタッフの記憶では取り組んでいたのは小学5年生くらいの教材だった。小学校に通えなくなった時期のものだ。優希本人が4〜5年生までの漢字は分かると話したため、続きからドリルを与えたのだという。

優希は他の生徒と話すことは少なかったが、学習室の長机で別の生徒たちと並んで勉強していた。本人が望めば別室で一人で学習することもできたが、それは望まなかったという。

また、スタッフが話しかけても優希はほとんど自分の話をしなかったという。「話しかけないで」というオーラを出しているようにさえ見えた。

優希がこのフリースクールに通った13回という回数は、ここに来る子どもたちの中では決して少ない方ではないという。不登校の子どもたちの中には1～2回来て、通ってこなくなってしまう子も少なくないからだ。優希にはここに通いたいという意欲が見えた。

女性スタッフは、「時間をかけて徐々に関係を築けば、ここを優希君の居場所にできるかもしれない」と感じていた。一緒に過ごす時間を重ねて信頼関係ができてくると、大人が聞き出そうとしなくても子どもが自ら話し出すことは少なくない。しかし、両親に連れられ一カ所に長期間とどまることがなかった優希にとっては、じっくりと関係を築く余裕はなかった。

フリースクールでは、職員とボランティアスタッフがケース会議を開いて子どもに関する情報を共有したり、一人一人の子どもについて必要に応じて学校や児相などの関係機関と支援策を話し合う場を設けたりしているという。

12月15日には、職員とボランティアスタッフが集まってケース会議が行われ、優希についても報告があった。この時点では優希の一家に関する詳しい情報はまだフリースクールではほとんど把握できていなかったとみられ、職員が区の保護担当と連絡を取り合いながら把握に努めていることや、優希が同年代の男子生徒との関係にストレスを感じているといったことが報告された。

翌年の1月中旬には、フリースクールの職員が区の担当者から一家に関する情報を聞き取り、スクールも優希が学校に通っていなかったことや野宿生活をしていたことなどを把握したとみられる。スクール関係者によると、優希の記録の隅には「1月26日　母親を呼ぶ」というメモが残っていた。実際に母親を呼んだかどうかは記録がなく不明だが、そのすぐ下には「学校とのケース会議をするよう○○さん（職員）に伝える」という、責任者からとみられる指示が鉛筆で走り書きされていたという。

通所開始から3カ月がたち、フリースクールでは一家に関する情報を得て、他機関にも働きかけて優希に対する本格的な支援を始めようとしていたようだ。

簡易宿泊所での暮らし

一家の当面の住まいとなった簡易宿泊所では、風呂はなくトイレと炊事場は共有、四畳半一間を家族4人で使った。思春期だった優希には、一人になれる空間すらなかった。

しかし、優希にとっては生活保護を受給し食べるものに困らず、雨風をしのげる家があって野宿せずにすむ生活は、これまでと比べれば決して悪くはなかった。とりわけ優希が心を砕いていたのは生後半年の結衣のことであり、手記には「やっと普通の食事を食べさせたり、色々と買うことができたり、妹には良い生活だったと思う」と記している。

生活費は保護費と亮の日雇い仕事の収入だった。区の支援計画では、一家は生活保護を受けながら両親が働き、優希はフリースクール、結衣は保育園に通いながら生活を立て直すことになっていた。

しかし幸子は変わらなかった。保護費の受給日が来ると、幸子と亮は優希と結衣を連れて川崎市内のホテルに宿泊し、そこから行きつけのゲームセンターやパチンコ店に通った。幸子はこのゲームセンターで競走馬を育成するゲームに熱中し、通ってはゲームの続きを楽しんでいたという。そして、金が尽きると簡易宿泊所に戻った。そのため、優希はたまにしかフリースクールに通うことができなかった。

管理人の記憶

宿泊所の管理人の70代の女性は、もう40年以上もここで働いている。当時中学生だった優希が平日の日中、乳児の結衣をベビーカーに乗せたり抱っこひもで抱えたりしながら1階の管理人室の前を行き来する様子をよく覚えていた。

管理人の女性はこう振り返った。「少年がまるで母親のように赤ちゃんの面倒をよくみていた。表情はいつも寂しそうで、笑った顔を見たことは一度もなかった。あまりにかわいそうだったので、印象に残っている。きちんと挨拶をする、素直ないい子に見えたから、余計にかわいそうだった。悪たれることもなくけなげだっただけに、何かしてあげたいと思った」

女性によると、当時は他の住人たちも一家のことを気にかけていたという。その中の一人で一家と同じ階に住んでいた50代くらいの男性が今も宿泊所で暮らしていて、話を聞くことができた。

大柄な体格で丸刈りのこの男性は、共有の炊事場でよく夕食を作っていた優希を覚えていた。「かわいそうに見えたので、1、2回、自分が作ったカレーライスを親子4人に分けてあげたことがあった。少年と言葉を交わしたことはあまりなかったけれど、『頑張ってな』と声をかけると『うん』と返事をした」

幸子と亮のことも覚えていた。「ぽっちゃりした母親と細面の父親」が対照的だったという。一家は最初の1~2カ月は慎ましく生活し、幸子はすれ違うとみんなに笑顔で挨拶をしていたが、次第に人目を避けるように夜中にひっそりと出入りするようになったという。「家賃をたまに払わない時があり、催促されることもあったようで、みんなと顔を合わせづらかったのかもしれない。人間は悪くないように見えたが、保護費をもらうようになって変わってしまったように見えた」とため息をついてみせた。

簡易宿泊所を出る

保護費をホテル代とゲームセンターやパチンコ代につぎ込み、あっという間に使い切ってしまう生活を、区が黙って見ているはずがない。区から保護費の使い方についてチェックや指導を受けると、幸子は「鳥かごみたいな生活は嫌」と言い出した。「普通に考えて鳥にすらなれていない。ただの首輪をつけられたホームレスだ」。優希は手記にこの時の気持ちをこう記した。幸子への反発といらだちがにじむ。

幸子は3月分の保護費の受給日に金を受け取って逃げる計画を立て、宿泊所には「近くの部屋の男性に襲われて怖くなったのでここを出ます」と嘘の置き手紙をし、4人で宿泊所を出た。

一家は宿泊所を出て、優希はフリースクールを辞めることになった。女性スタッフの記憶では、急に姿を消したわけではなく、事前に「埼玉の母親の実家に帰る」と連絡があったという。

スタッフの一人は、職員から優希がスクールを辞めると告げられた時のことを覚えていた。まだスタッフに心を開いてくれてはいないものの、優希の様子を見て「いつかは変わっていける子だ」と感じていたという。思わず「なんで？」と事務職員に聞いたが、行き先が幸子の実家と知り、「実家ならば今よりも安定して暮らせるのかもしれないな」とも思った。それでも心残りで、「引っ越してからも通って来られたらいいのに」という言葉が口からこぼれた。

フリースクールでは、優希への支援もスタッフとの信頼関係作りもまさに「これから」という矢先だった。優希はまたしても、大人たちの手をすり抜けるようにしていなくなった。

取材中、女性スタッフは当時の記憶の糸をたぐりながら、「今思うと、お母さんはここが彼の居場所になるのが嫌だったのかもしれませんね。ここに来て親以外の一般的な大人と初めて接し、『うちは普通の家庭とちょっと違うのかもしれない』

と気づく子は少なくありません。親と精神的な距離を取り、高校受験に成功して自立し、自分の人生を切り開いた子もいます。どんな辛い体験があっても、信頼できる大人と何人出会えるかでその子の人生は変わることができる。彼も、変わる力を持った子だったたと思います」と振り返り、膝に置いていた手のひらを握りしめた。

衣食住の心配がいらない「安定」した生活はわずか6カ月で終わり、手持ちの金をホテル代と遊興費につぎ込む生活がまた始まった。しかし間もなく東日本大震災が発生し、水道は濁り、混乱の中での買い占めで食料も手に入りづらくなった。金が尽きると一家は後に事件の被害者となる幸子の父母のアパートに身を寄せた。それも束の間で、またどうにかして金を得るとホテルに宿泊し、金が尽きれば野宿する生活に戻った。

人とのつながりを求める

フリースクールのスタッフから見ると周囲を寄せ付けず心を閉ざしているように見えた優希だが、本人の手記からは違う思いを抱いていた様子がうかがえる。

優希は同世代とのコミュニケーションに悩み、関わりを求めながらもうまくいかない焦燥感を感じていた。

手記にこう書いている。「男の人よりも女の人の方がマシという考えもあって、2カ所目（のフリースクール）は良かったがスキンシップがいらついたりしていた。自分はそういうのは求めていない。まずは知り合いになれさえすれば十分だった。でも人との距離感も分からないからムズかしかった」

学校に通っていなかった優希には同世代と接する経験が極端に不足していただけでなく、両親からの身体的虐待や性的虐待により、人への恐怖心や不信感が膨れあがっていた。

優希は特に男性に対し恐怖心が強く、うまく付き合うことができなかった。フリースクールでも男性との関わりにストレスを感じていたようだ。女性の方が付き合いやすかったが、ボディタッチなどで距離を縮めてこようとする相手に戸惑いと恐怖を感じた。

しかし、だからといって人との関わりをシャットアウトしていたわけではない。生活保護受給中は持つことができた携帯電話を使って、ネットのブログサイトで男性に慣れようと試みたり、人との話し方について検索して勉強しようとしたりしたこともあった。悩みを抱える同世代に対し、ネット上で悩み相談に乗ったりもした。

しかし、結局無駄な努力に終わった。優希は、「現実の世界には嘘が溢れているが、だからこそ、ネットの中では人は正直になるのだろう」と思っていたが、そうではなかった。「男性に対して疑念は深くなり、女の人、いや人間は画面越しでさえ嘘をついて裏切るものなのか」。手記に記した言葉には、絶望とあきらめがにじんでいた。

虐待による心の傷は、人との関わりを求める優希の気持ちをあざ笑うかのように、優希を孤立させ、家族だけの閉鎖的な人間関係の中に引き戻していった。

横浜に舞い戻る

横浜市中区の簡易宿泊所から姿を消した一家は、東日本大震災後に埼玉県川口市の幸子の実家にしばらく居候した後、亮の新しい仕事が決まると横浜市鶴見区の新聞販売店の寮に移った。ここでの生活は、2011年5月から約5カ月間続いた。

中区を出て以来優希は再び「居所不明児童」になっていたが、亮が新しい仕事を始めるに当たり、一家は中区に残したままになっていた住民票を5月初旬に鶴見区に移したとみられる。

優希の手記によると、簡易宿泊所を出る時にフリースクールを辞めていた優希は、寮の自宅で日中は買い出しに行って食事の支度をするなどの家事をして過ごしていた。幸子は相変わらず働かず、洗濯など最低限の家事しかしなかったという。

住民票を移動させたことで、行方を捜していた中区は一家が鶴見区にいることを把握したとみられる。中央児童相談所がこのことを知ったのは5月31日だった。

その日の夕方、担当だった児相の男性ケースワーカーが事前連絡もなしで新聞販売店の寮を訪ねてきた。そして部屋にいた幸子と優希、結衣の3人と面談をした。

ケースワーカーが幸子になぜ宿泊所からいなくなったのかと尋ねると、幸子は行政から監視されるような暮らしが嫌だったという風な受け答えをした。

面談では、転入先の鶴見区に児相から連絡をして結衣の予防接種などのサポートを行うことを確認した。鶴見区では亮が定職に就き生活保護を受給していなかったため生活保護を担当する課との関わりはなくなったが、児相が間に入って区の関係部署とつなぐなど支援を再開することになった。

優希の学校については、2月まで通っていたフリースクールが区をまたいだ通学も認めたため、ケースワーカーは優希に「フリースクールには何とか通いなよ」と促した。

6月17日に、児相は鶴見区で2回目の家庭訪問をしている。保健師の都合がつかなくなり、急遽ケースワーカーが一人で訪問することになった。亮も在宅で、最初は「どうして児相が来るんだ」と興奮気味だったが、話をするうちに徐々に落ち着いた。ケースワーカーが「子どもたちが心配なんだ。連絡なしにいなくなっちゃうのは良くないよ」と伝えると、亮は「分かりました」と応じた。優希はまだフリースクールに行っておらず「中断していたから行きにくい」と言ったが、スクールが「歓迎する」と言っていることをケースワーカーが伝えると、表情が和らいだように見えた。

ケースワーカーは幸子に、次回は保健師と2人で来ることを伝え、この日の家庭訪問は終了した。

再び行方をくらませる

新聞販売店に勤務して5カ月ほど経つと、亮は新聞代の集金を任されるようになった。幸子はこの金に目を付け、集金した金を持ち逃げする計画を立てた。計画はすぐに実行された。

児相のケースワーカーが鶴見区の保健師と2人で新聞販売店の寮を訪れたのは、2回目の訪問から約3カ月半が経った10月5日だった。寮の部屋は既にもぬけの殻で、販売店に問い合わせると、亮は退職扱いになっていた。

優希は手記に、「児童相談所の人とは2~3回会い、ケータイに会った人の名前とかも書いていたが、あまりにも会わなさすぎてスグに消した。消してしまって後悔したこともない」と記している。

再びつながったかに見えた社会と一家をつなぐ線は、前回同様に一家が前触れなく行方をくらませたことでぷつりと途絶えた。

CA情報連絡システム

一家の消息が分からなくなった直後、児相は「CA(Child Abuse=児童虐待)情報連絡システム」を使って全国の児相に情報提供をしている。1回目と2回目の失踪時に、計2回行われた。

CA情報連絡システムは、深刻化する児童虐待に対応するため1999年に導入された。児相が児童虐待で関わったケースで、継続的な関わりが必要であるにもかかわらず転居や行方不明になったことによって関わりが中断された事案について、全国の児童相談所に情報提供する仕組みだ。

ただし、このシステムはＦＡＸを利用しており、行方不明になった子どもの名前や転出時期などを書いた連絡票１枚を送信するだけのものだ。年間一〇〇件以上の連絡票が届くが、情報を一元的に管理する機関はなく、データベース化もされていないために検索もできず、実用的ではない。

ＣＡの仕組み自体の周知も徹底しておらず、仕組みを利用していない児童相談所があったり、届くＦＡＸが放置されたまま山積みになっていたりするケースもあるという。また、児相間だけのシステムのため、自治体との情報共有に利用することもできない。

優希や結衣に関する情報も、２回にわたって全国の児相に提供されたが、反応は一つもなかったという。

「居所不明児童」を見つけ出すシステム

住民票を残したまま姿を消し、転居先でも住民登録をしないために行政が居所を把握できなくなる「居所不明児童」。注目されるようになったのは、同じく横浜市内で起きた児童虐待死事件だった。

事件は、2013年4月に横浜市内の雑木林で死後9カ月たった当時6歳の女児の遺体が見つかって発覚した。逮捕された母親は、インターネットのコミュニティサイトで知り合った男性たちの家を数カ月ごとに転々とし、女児も母親に連れられて千葉県や神奈川県内で転居を繰り返していたとされる。

小学校入学前の健康診断に来ない、近所から虐待を疑う通報があるなどし、異変に気づいた行政が母子との接触を何度か図った。しかし虐待のリスクがある家庭であることは転居先の自治体に引き継がれることはなく、最後に近隣からの通報を受けて家庭訪問をした横浜市中央児童相談所も、女児が居所不明児童だったことや学校に通っていなかった過去を知らず、緊急対応が必要とは判断されなかった。それから9日後に女児の遺体が遺棄された。

優希が横浜市から姿を消したのは2011年。女児の事件が発覚する2年前だ。関係者は、「女児の事件の経験から、今ならば（優希の一家が）いつか急にいなくなってしまうかもしれないということを念頭に置いて対応したでしょう。ただ、このケースのように母親の気まぐれでいなくなってしまう場合には、予測するのは非常に難しい」と話す。

優希一家のケースの難しさは、両親が子どもたちの一時保護は拒絶したものの、その後の就籍、就学、就労などの支援には、一見素直に従うそぶりを見せていたことにある。

住民票を残したまま突然姿を消してしまうケースへの対応は、現在のシステムでは限界がある。「住民票が動いてないか区に繰り返し問い合わせるようなアナログな対応には限界がある。児相だけでなく、他機関も含めた全国的なネットワークを、国が音頭を取って作らなければ対応し切れない。例えば、児相が要請したケースについて、住民票が動いた瞬間に児相に情報が入るような仕組みが必要だ」と、関係者は話した。

建設会社の寮に住む

集金の金を持ち逃げした一家は、その金を使ってしばらくホテル暮らしをした後、再び埼玉県内に戻り、県南部の建設会社の寮で生活を始める。亮がこの会社で働くことになったのだ。

優希の手記によると、この頃から亮は家で暴れたり優希以外の家族にも暴力をふるうことが増えた。幸子以外の女性とメールでやり取りしたのがばれたり、酒を飲んで暴れたり、トラブルが絶えなかった。亮が暴れた時には、幸子は突き飛ばされて壁に頭をぶつけ、優希も殴られたり首を絞められたりして体にあざができたという。

結衣は次第に、部屋の中で誰かがけんかを始めると泣くようになった。家族を傷つけ暴力を繰り返す亮に激しい怒りを抱いた優希は、幸子に「包丁を持ってこい、あいつ殺すから」と言った。幸子は応じず、優希はぼろぼろになるまで亮に殴られ続けた。

幸子がやられっぱなしでいるはずはなく、幸子は亮に別の方法で「復讐」をした。亮が暴れたり問題を起こした後には、亮の給料をそっくり持ち出し、亮だけを残して優希と結衣を連れ、ホテルに泊まりに行ったのだ。昼間はパチンコなどで遊んで過ごし、金が尽きるまで自宅には戻らなかった。一人だけぽつんと寮に残された亮のことを、優希はその時、「いい気味だ」と思った。

しかし、そんな生活が数カ月続くと亮は働かなくなり、建設会社を解雇された。行き場がなかった一家は、その後しばらく電気やガスが止まった部屋に居座り、近くの公園で水をくんできて生活用水にした。そこにいながら新しい仕事を探し、同じ市内にある社員寮がある塗装会社に新たな職を得た。建設会社での生活も8カ月あまりしか続かなかった。

携帯電話で漢字を学ぶ

小学校高学年からほとんど学校に行っていない優希だが、拘置所にいる優希と文通を始めると、筆者は優希が書く手紙が文法的にも漢字の使い方も、そのことをまったく感じさせない正確さであることに驚いた。同年代の大学生と比べても遜色がないばかりか、論理性はむしろ優れているのではないかと感じるくらいだった。

さらに、拘置所ではラジオをよく聴いていたようで、社会問題となっている事件や出来事などについても詳しく知っており、それに対する自分の体験に基づいた意見を、手紙に書いてくることもあった。

優希は事件を起こして逮捕されるまで、一度も自分の辞書を持ったことがなかったという。ホテル暮らしや野宿で各地を転々とする生活では辞書を持ち歩くことなど不可能だ。

優希はホテル暮らしや野宿生活の最中も、テレビガイドや、漫画喫茶で漫画や小説などを読んで漢字を覚えていた。携帯電話を持っていた時にはメールの漢字変換機能を使ったりもした。学習教材など何も得られない中で、優希が学びを渇望していたことが分かる。

拘置所では、外部の人との手紙のやり取りで使いたい漢字が分からなければ、手元にあった小説や新書などで目当ての漢字を探しながら書いた。裁判を通して事情を知った人から辞書の差し入れを受けてからは、毎日頻繁に辞書を引き、漢字だけでなく英語の綴りも調べて使うこともあったという。

すべての子どもに保障されているはずの義務教育の機会すら得られなかった優希は、皮肉にも事件を起こして逮捕されて初めて、辞書や独学だが学べる時間を得た。裁判後に支援を申し出た人たちから様々な本の差し入れもあった。優希は拘置所で判決を待つ間、乾ききったスポンジが水を吸い込むように、知識を吸収していったのではないだろうか。

塗装会社

建設会社の寮を出た一家は、すぐに社員寮付きの新しい仕事を見つけ、2012年8月に同じ市内の塗装会社の寮に引っ越した。

この時幸子や亮は「心機一転」と言っていたが、生活はこれまでと何も変わらなかった。幸子は亮が前借りした給料をホテル代やパチンコに費やした。亮の不満は高まり、幸子との関係も冷え切っていたのだろう。優希の手記によると、仕事が終わって自宅に戻れば家族に暴力をふるって部屋の中のものを壊し、幸子や優希にあざができるほど暴れたという。そんな時に、幸子に言われて優希が警察を呼んだこともあった。しかし、幸子は警察に対し曖昧な受け答えをするばかりで被害を訴えず、後で優希を「なんで本当に呼んだの？」としかった。

その後、亮は携帯電話で幸子以外の女性とやり取りをすることが増え、家にいても携帯電話を肌身離さず持ち歩いた。携帯電話を見せないことが原因で幸子とのけんかもますます増えた。幸子は相変わらず、亮が自分に反抗的な態度を取ると、亮の給料をすべて持ち出し、優希と結衣を連れてホテルに泊まってゲームセンターで金が尽きるまで遊んだ。別の女性のところに行っていたのだろうか、亮は次第に1

日、2日と家に帰ってこないようになっていった。

それから間もなく、塗装会社で働き出して4カ月ほど経った頃、亮は「仕事に行く」と言って寮を出たまま二度と戻らなかった。


最初の頃は楽しいこともあったにせよ、自分だけが働かされた上に稼いだ給料をすべて浪費され続けた亮が、5年以上も幸子と一緒に暮らしていたことは、考えてみれば奇妙なことに思える。もっと早く逃げ出したとしてもおかしくないような状況にも感じられる。


優希の裁判後、さほど遠くない街で暮らしていた亮に取材を申し込んだ。交渉の末に質問項目を記した手紙を送ったが、返事はなかった。

そのため推測するしかないが、亮は幸子と暮らすことで何かメリットがあったのだろうか。それとも、優希と同じように、幸子から離れられない心理状況に陥っていたのだろうか。

ある捜査関係者は、「名古屋から出てきて働かされ、鬱憤がたまって蒸発したのだろう。金づるとして幸子に働かされていたという点では、少年と同じ境遇だったと思う」と、亮のことを見ていた。

優希も、自分たちに暴力をふるった亮を激しく憎む一方で、逮捕後は「今になって思えば、亮さんのストレスも分からなくはない。母はパチンコで給料をすべて使い切って帰ってくるのだから」と、手記に同情的な記述もみられる。

家族を養う

亮の失踪後、優希は同じ塗装会社で働き、そのまま会社の寮に住み続けられることになった。亮の前借り額は給料数カ月分に達し、会社の先輩からも金を借りていたため、優希としては最初から少し気まずさがあった。

優希は、小学生の頃から男子と外で走り回って遊ぶよりも、教室で女子と漫画を描いたり本を読んだりするのが好きだった。その後も作詞したり物語を書いたり、インドアを好んだ。現場仕事はどうも好きになれなかった。また、虐待の後遺症で大人の男性に対し強い警戒感と恐怖心を持っており、特に「暴力」と「性」については敏感で嫌悪感すら持っていた。

仕事が始まると、現場へは先輩の塗装工らとワゴン車で向かった。優希には、狭い車内で複数の男性と一緒になるという状況自体が恐怖だった。

体育会系の先輩後輩の上下関係、現場に向かう車内では眠ると怒られること、暇つぶしのように交わされる性的な会話が嫌だった。

仕事が終わって部屋に戻ると、幸子がヒステリックに結衣を怒鳴りつける声が外にまで聞こえてきた。優希が働くようになったため幸子が食事を作っていたが、次第に簡単で同じメニューの日が増えた。

優希が働き出した頃は、「ただいま」と玄関のドアを開けると幸子と結衣が「おかえり」と出迎えてくれるのがうれしかった。2人の生活を守っている自負のようなものが、優希の折れそうな心を支えていた。

しかし、出迎えはいつしか結衣だけになり、3人でしていた食事も、幸子はなぜか優希だけ「お前はそっちで食べて」と別の場所に追いやるようになっていた。

優希は気づいた。「俺、亮さんの立場になっている」。働いた金を幸子に吸い取られて浪費され、幸子の気に入らないことがあると一人だけ家族ののけ者にされる。亮が好きではなかったから、こうした仕打ちを受ける亮に対し「いい気味だ」とさえ思っていたが、いつの間にか標的が自分に移っていた。この家庭内での立場の微妙な変化は、優希にとっては耐え難いものだった。

優希の給料をホテル代とパチンコやゲーム代につぎ込む幸子の浪費生活は、一向に変わる気配はなかった。

遊ぶ金を工面するため、優希は幸子の指示で給料を前借りするのがすぐに常態化した。優希の給料が生活を支えていたにもかかわらず、幸子は前借りの金が手に入ると優希に仕事を休ませ、結衣を連れて都内のホテルに泊まりに行った。そこからゲームセンターに通い、ホテルの広い風呂を楽しんでいた。

「母がいないと不安」

給料をすべて浪費してしまう怠惰な暮らしに、優希が疑問を感じていないわけではなかった。「ホテルに行くのをやめよう」。優希が幸子に意見すると、幸子は「ふーん、偉くなったんだね」「私と結衣で行くからいいよ。いつ帰るか分からないけれど」と言うのだった。

幸子のこの言葉はずっと、優希を幸子の言いなりにさせる力を持ってきた。手記に優希は以下のように綴っている。「そう言われたら自分には無理だった。思い出すのは捨てられたと思った小学5年生の頃。無意識のうちに普段から母が目に入る場所に居ないと不安だった。結局自分は母の元に付いていった。どんなに『くさい』

『汚い』『気持ち悪い』『近寄らないで』と言われても」

高校生の年頃の優希が母親といつも行動を共にすることは、一般的には違和感を持って受け止められるだろう。嫌ならば行かなければいいのだ。しかし、小学生の時に幸子が亮を追って1カ月間家に戻らず「捨てられた」絶望から廃人のようになりかけたトラウマが、優希を幸子に縛り付けていた。そのことを知ってか、幸子は優希のトラウマにつけ込むように巧みに優希を思い通りに動かしていたように見える。

人間関係にも介入した母親

家族以外の人と接する機会が極端に少なく、虐待の後遺症もあって人を信用できなくなっていた優希は、横浜のフリースクールに通っていた頃から携帯電話のインターネット機能を使って人との話し方についてひたすら検索するなど、人付き合いの苦手意識を克服しようと必死だった。

ブログサイトで何人かの男女とやり取りをしたこともあり、その中の一人に唯一「心を許せそう」と思えた女性がいた。女性は優希よりも5歳ほど年上で、ブログサイトでのやり取りや、メールのやり取り、文通を数回重ねて少しずつ距離が縮まり、指で数えられる程度だが電話で話したこともあった。

幸子は優希に、他人に対して自分を偽り嘘をつくように命じていたという。例えば、学校に通っている、部活はサッカー部、などだ。優希は幸子に従い嘘を交えたやり取りをしてきたが、この女性に対しては「自分を偽らないでいろいろ話してみたい」と思うようになった。優希の気持ちの変化を見透かすかのように、はじめの頃は女性に好意的だった幸子は、「何だかよく分からない人」と女性について否定的な発言をするようになった。

いつもならば幸子の言葉にとらわれ相手を信じられなくなっていく優希だが、この時だけは「女性を信じてみたい」と思った。女性は話していて安心できた初めての他人で、「味方だから」とも言ってくれた。優希は女性に数回手紙を出し、自分のことを偽らずに書いた。会ったこともない女性だが、優希にとって特別な存在になりつつあった。

しかし、ある日突然関係が途切れた。女性から「彼氏ができたからもう話せない」と告げられ、その後はメールを送っても返信はなかった。「やっぱり母の言う通りだった」と優希は思った。外に向けて開きかけた心は、再び、一層固く閉ざされた。

人を信じてみたいが、信じて裏切られるのが怖い。幸子はそんな優希に、優希が信じようとする人たちの悪口を聞かせた。希望を捨てきれずに信じようとしても、優希は相手の表情や仕草、行動にほんのわずかでも「疑わしい」ものを見て取ると心を閉ざした。結局「やっぱり母の言う通り」「信用できるのは母だけなのかもしれない」という心理に至り、幸子への依存と執着はますます強まっていったようだ。

女性との連絡が途絶えた後の心境について、優希は「もう自分はぼろぼろだったと思う。生活さえできればいいと。現場で財布を拾えば（財布の中の）お金を使い、母から近くに住んでいる先輩の家に現金を探しに行くように言われれば本当にやった」と手記に綴っている。

塗装会社の社長

当時30代後半だった塗装会社の坂本（仮名）社長は、父子家庭で育って中学を卒業すると塗装会社に修業に入り、その後独立して自ら会社を興した苦労人だった。

体育会系で面倒見が良く、悩みを抱える従業員たちを食事に誘い、苦労が多かった自らの生い立ちを語って「頑張ればお前だって成功できるんだよ」と励ますこともあった。

優希はこの塗装会社で、16歳になった頃から事件直前までの1年半以上を過ごした。当初は他の従業員もみんな、「義父と駄目な母親と一緒でかわいそうだ」と、優希を気にかけていたという。

当時の優希の日給は8000円で、働き始めて1年が過ぎると9000円になった。月の給料から寮の家賃6万円が天引きされていた。

優希は働き出したその月から、給料の前借りを社長に頼んできたという。優希から直接頼まれることもあれば、幸子から手紙で頼まれることもあった。前借りの頻度は月3～4回もあり、事件直前まで続いた。優希は「お腹が痛い」「腰が痛い」「知り合いの結婚式に行く」などの理由をつけて休むようになり、休む回数は徐々に増えていった。

最初のうちは優希の言葉を信じ「治ったら出ておいで」「結婚式に行くなら俺のスーツを貸してあげるよ」などと応じていた坂本社長だが、休む回数が「常識では考えられないほど」増えたため、優希の言葉を信用できなくなっていったという。

坂本社長が優希に対し欠勤を注意すると、優希は「本当なんです」「信じてください」と訴えてきた。「やる気があるならばやり直す機会をあげたい」と、優希を自宅に招いて食事をさせ、相談に乗ろうとしたこともあったが、優希が悩みを打ち明けたり助けを求めたりすることはなかった。その際に坂本社長は、「(仕事で使う)SDカードを買っておいて」と優希に5000円を手渡してお使いを頼んだ。それから2人でスーパーに行き、坂本社長は生活に困っているであろう優希のために食材を買って「これ、持って帰りな」と渡した。

その後に坂本社長が優希を車で送って行こうとすると、優希が「社長の家に5000円を忘れてきてしまいました」と言い出した。自宅に戻って一緒に探したが金は見つからなかった。仕方なく、坂本社長はさらに5000円を優希に渡した。

坂本社長は次第に優希に対し不信感を抱くようになっていった。そんな中である出来事が起きた。

優希が「腰が辛い」と仕事を休んで寝ていた時、坂本社長は部屋に入っていって優希の胸ぐらをつかみ、怒鳴りつけた。日頃から働かない幸子に疑問を感じており、「息子が朝起きられないなら起こしてあげるべきだろう」と幸子も怒鳴りつけた。

坂本社長は、後に優希の事件のさいたま地裁公判に検察側証人として出廷した際、「働かない母親の問題は当然感じていて、やろうと思えばコンビニでのバイトだって何だってできると思っていた。だから少年だけを責められないとは思っていたが、この歳になれば少年自身にももう少しやりようはあるという思いもあった。少年が学校に行けなかったことは知っていたが、それに関係なく一生懸命働くのは当然のこと。『頑張れば給料が上がるよ』という話は何度もした」と証言した。

　一方、坂本社長からの前借りを強いる幸子と、坂本社長との間で板挟みになった優希は、会社内での気まずさが増すばかりだった。

　優希から見た坂本社長は、怒鳴ったり暴力をふるったりする理不尽な存在だったようだ。坂本社長が部屋に乗り込んできて優希の胸ぐらをつかみ、止めに入ろうとした幸子を突き飛ばし、それを見た結衣が泣き出した時の心境を、優希は手記で「自分には（坂本社長が）亮さんにしか見えなかった。コイツこそ殺してやるかと思った。でも母はそれを許そうとはしなかったからヤメた」と記している。

闇に紛れる

　塗装会社で働いていた時、優希は仕事が終わった後の夜や休日に、幸子から与えられた小遣いを持って、住んでいた社員寮から最寄り駅までの道を歩いた。普段はバスを使う徒歩40分ほどの道を、音楽を聴きながらあえて歩いた。それが、ささやかで唯一の楽しみだった。

日が沈み暗くなった街を歩く優希のいでたちは、周囲から見たら奇妙なものだっただろう。

足もとには、つま先のとがった「ホストのような靴」や、幸子のお下がりのヒールのついたブーツ。赤と黒のボーダーの服や胸元が大きく開いたシャツ、黒のロングコート、灰色のファーが手首や襟元についた服などを着て、白と黒のヒョウ柄の帽子をかぶり、100円ショップで買ったサングラスやマスクをつけたりした。気分によって髪の毛をセットし、カラーコンタクトをつけることもあった。

すれ違う人が奇異の視線を向けてくることにも気づいていた。ホストらしき男性にじろじろ見られたり、すれ違いざまに「あれ、女だよね?」という声が聞こえてくることもあった。

給料は幸子が管理していたため小遣い程度しか金はなく、同世代と遊んだことがない優希には、街での遊び方が分からなかった。行き先はいつも、駅前にあるゲームセンターやパチンコ店だった。パチンコ店では亮の名前を使って年齢をごまかした。優希が15歳くらいの頃から、亮は自分の名義で作ったパチンコ店の会員カードを優希に持たせ、幸子もそれを容認していた。なぜなら、優希がパチンコで稼いだ金は幸子に渡し、みやげを買って帰るという、暗黙のルールがあったからだ。ゲームやパチンコをした後は、書店などで本やＣＤを見た。

どの店に行っても、店員と顔見知りになったり言葉を交わしたりすることはなかった。ゲームセンターの店員で目が合うと手を振ってくる女性がいたが、優希にとっては「恐怖」でしかなかったという。

同世代がよく行くような生活雑貨の量販店や洋服店にも行ってみたかったが、一人では気が引けて行くことはできなかった。

パチンコ店や書店を一通り巡ると、パチンコで金が増えていれば幸子にいくら渡すかを計算し、帰りがけにファストフード店で普段は買わないような高いメニューを注文し、幸子へのみやげにした。

パチンコで勝って金が増えても、ＣＤやゲームなどほしいものが手に入っても、それらは優希の気持ちを一瞬紛らわしはしたが、虚しさを消すことはなかった。

優希は手記で、この夜の散歩について「普段の自分とは違う格好をして自分のことを知らない人達の中に入っていく。決して人が大丈夫になったわけではなかった。ただ、汚れた何かを夜が隠してくれる気がした」と綴っている。

カーナビ窃盗事件

優希が祖父母を殺害した２０１４年3月26日よりも２週間ほど前の3月10日、勤務する塗装会社のカーナビが盗まれる事件が起きた。

２月末時点で優希が坂本社長から前借りした給料の総額は60万円に達し、３月に入ってからも数回、約1万５０００円ずつ前借りを繰り返していた。借金額が月給を上回り、優希も仕事を休みがちだったことから現金でもらえる給料はなくなっていた。しかし幸子の行動は変わらず、優希が前借りをした翌日は、いつものホテルに宿泊し、いつものゲームセンターに行くのだった。

カーナビが盗まれた3月10日は風が強かったため、優希たち数人の従業員は千葉県の現場を午前中で切り上げ、会社の倉庫に戻って片付けや掃除をすることになった。坂本社長は、中古で購入した社用車のために外付けのカーナビを買って来ており、そこにいた従業員に向かって箱に入ったカーナビを左手で持って自分の目の高さまで上げて見せ、「ナビをシャッターの横に置くから捨てないでね」と声を掛けた。倉庫の鍵の暗証番号は、従業員全員が知っていた。その日も優希から前借りを頼まれたため、坂本社長は優希に1万５０００円を手渡した。それから２日後、従業員が倉庫にカーナビを取りに行って、カーナビがなくなっていることに気づいた。

「誰かが間違えて捨ててしまったのか」。坂本社長は最初そう思ったが、カーナビを倉庫に置いた翌日から優希が連続で無断欠勤をしていたため、怪しいと思うようになった。欠勤の4日目に優希から坂本社長に電話があり、無断欠勤をわびてきた。坂本社長がカーナビのことを尋ねると、「ナビって何ですか。（倉庫に）あったことすら知りません」と優希は答えた。坂本社長の優希に対する不信感は強まった。

実際、カーナビを盗んだのは優希だった。優希は後に、強盗殺人容疑で逮捕される前、このカーナビ盗でも窃盗容疑で逮捕され、容疑を認めている。

2014年12月にさいたま地裁であった公判で、この窃盗事件の検察側証人として坂本社長が出廷し、カーナビがなくなった経緯について前述のように証言した。

一方優希は、裁判でカーナビを盗んだ理由について、以下のように証言している。

「(カーナビを)盗んだ日に1万5000円を前借りしたが、母親の望みの額と違い、その前から母親が『生活が大変』と言っていたこともあり、カーナビを盗んで売ろうと思った」

このカーナビ盗については、幸子は関与していない。しかし、優希から盗んだことを打ち明けられた幸子は、最初は優希を注意したが、金がほしかったので盗みを追認したという。未成年のため現金化できない優希に代わり、翌日に都内の質屋でカーナビを2万円で売却している。

前借りができなくなり困窮する

優希はカーナビを盗んでいないと言ったが、坂本社長は盗んだのは優希だと確信していた。しかし、優希をクビにすることはなかった。その理由を裁判では「自分にも同じくらいの歳の子どもがいたし、(優希には)小さい妹もいたので頑張ってほしいと思い、雇い続けるつもりだった」と述べた。実際、無断欠勤後も優希は何日か出勤している。

しかし、カーナビの一件以降、坂本社長が優希からの前借りのお願いに応じることはなくなった。坂本社長は3月19日以降は優希に会っておらず、その後幸子から「失踪していた亮が山口県で見つかり、みんなで山口にいる。27日に戻るのでクビにしないでください。親子で頑張ります」と書かれた手紙が届いた。

幸子や優希が山口県に行った事実はない。前借りができなくなり金の調達に困った幸子は優希を連れ実家に向かい、26日に祖父母強殺事件が起きた。

約束の27日になっても一家が戻らなかったため、坂本社長は借り上げの寮の大家から部屋の鍵を借り、４月1日に一家の部屋に入った。布団は敷きっぱなしで、奥の和室にボストンバッグが４つと宅配便の伝票が置いてあった。

手記に綴られた事件直前の胸中

前借りをして浪費を繰り返す幸子の刹那的な生活に、優希は将来が見えずに絶望していた。際限なく続く同じ繰り返しの日々と慣れない仕事のストレス、信じてみたいと思った女性との連絡が途絶えたショックも重なり、優希は自暴自棄の度合いを強めていたのではないか。手記には、その時期から事件直前までの気持ちが記されていた。

もう訳が分からなくなって家を出たこともあった。でも4時間だけだった。自分の周りには母、妹しか居ない。逃げたら亮さんになってしまう。

持ってたカッターを手首に当てたが少し血が出て終わった。生きてることにホッとしてた。

それから自分自身も休むことにためらいはなくなっていた。

生活を立て直そうと思ったら出来るだろうけど、母が望まない限りムダだと思った。出勤日数も減り、前借りも当然減り、自分が持ってたゲーム等も売った。ガス等も毎回のように止まった。

自分が良い人かもと思った仕事場の人も、母の言葉で信じるのをヤメた。

その人はいつだったか、自分に言った。「お前はいつか人を殺すよ」と。

何が彼をそう思わせたのだろう。

自分が仕事のことで泣いた時その人は自分のことを抱き締めた。

怖さはなかった。その代わりに人間の温もりを知った。でも、その後知ろうとは思わなかった。

事件を起こす少し前、会社からカーナビを盗んで少し経った時にその人と自転車で出かけた。

その時、自分はその人に聞いた。「なんの為に生きているのかが分からない」と。

曖昧な答えしか返ってこなかった。

人を頼るのは間違いだと思った。

結局人は自分のことが可愛いんだ、と。

それから数日後事件を犯した。

手記に登場する「仕事場の人」は、会社の先輩で、他の従業員がカーナビを盗んだのは優希だと疑う中で、「盗んでいない」と言った優希を最後まで信じてかばっていたという。彼は、なぜ優希はいつか人を殺すと思ったのだろうか。その理由が知りたくて数回、手紙などで取材を申し込んだ。しかし、「もう思い出したくない」と、応じてもらうことはできなかった。

第三章　祖父母殺害から逮捕まで

この章は、事件直前から逮捕までの優希と幸子の行動について、裁判などで明らかになったことを基に構成した。優希と幸子の言い分が食い違っている部分については、裁判で最終的に事実と認定された方を主に採用した。

事件前日まで（幸子の証言より）

3月10日のカーナビ窃盗事件以降、塗装会社の坂本社長から給料の前借りができなくなって手持ちの金が尽きると、幸子は父親の達夫と母親の和子から金を借りようと計画した。しかし、2人からの借金は既に30万円（借金の額については、「数百万円」とする優希の主張と食い違っている）に上っており、返済も滞っていたため、達夫はその年の幸子宛ての年賀状に「いいかげんにしろ」と書いて送ってくるほど腹を立てていた。

和子は、達夫に隠れて金を貸してくれることがあったため、幸子は実家に電話をかけて和子に頼もうとしたが、幸子の魂胆を見抜いて警戒していた達夫は、幸子からの電話を和子に取り次ぐことを拒んだ。

どうしても和子から金を借りたかった幸子は、親戚に頼んで親戚宅に和子を呼び出してもらうことに成功し、3月21日に親戚宅で和子に会った。

21日の夜中、幸子と優希、結衣、そして和子の4人はタクシーでファストフード店に向かった。その車内で、和子は幸子に現金2万円とタクシー代、優希に500円玉で300円ほどの小遣いをくれた。そして、「夜中だとおじいちゃん（達夫）の機嫌が悪くなるから、明日、謝りに来なさい」と言った。

22日の夜になるのを待ち、幸子は実家を訪れた。達夫に金を返済していないことを謝ったが、達夫からは「年金生活だから返してくれないと困る」ときつくしかられた。

幸子は最低でも5～6万は金を借りるつもりで来ていたのでさらに達夫に借金を頼もうとしたが、和子にキッチンに呼び出されて「お金のことで謝りに来たのだから、また後日来なさい」と言われ、夜食代の2000～3000円をもらって実家を出た。

「3月25日頃にまた金を借りに来よう」と幸子は思っていた。しかし、頑なになっている達夫がすんなり金を貸してくれるはずがなかった。達夫と和子は孫には甘いところがあるため、自分の代わりに優希に借りに行かせることにした。

3月22日以降、幸子は優希と結衣を連れて和子からもらった金でいつものホテルに泊まり、行きつけのゲームセンターに通った。
事件前日の3月25日、幸子は優希に一人で達夫たちに金を借りに行くよう命じた（この点について、優希は「借りに行くよう」ではなく「殺害」を指示されたと主張し、証言が食い違っている）。「引っ越し代、少なくとも5～6万円」と告げ、「仕事もお金もない。こうなったのはあなたのせい」などと強い口調で繰り返し、優希を追い込んだ。

事件前日（優希の証言より）

25日夜、ゲームセンターを出て東京都内の南千住駅方面から北千住駅に歩いて向かう途中に幸子と交わした会話について、優希はさいたま地裁の裁判員裁判で、以下のように証言している。一方、幸子は裁判で「（祖父母の）殺害を優希に指示していない」と主張しており、殺害をもちかけた以下のようなやり取りを否定した。一審さいたま地裁では幸子の主張が認められたが、二審東京高裁では一転し、優希の証言が認められた。

（優希）「（塗装会社の）社長はもう貸してくれないだろうな」

（幸子）「ばあちゃんも貸してくれないだろうな。でも、（祖父母宅に）家賃（として支払うため）の金がまだあるはずなんだよなあ」

（優希）「そうなんだ」

（幸子）「ばあちゃんたち殺しでもすれば手に入るよね」

（優希）「そうだね」（冗談かと思って笑う）


南千住の住宅街を抜けて国道4号沿いを進むと、隅田川の南岸に突き当たる場所に、川に架かる千住大橋に登る螺旋階段がある。階段にさしかかると、幸子は言った。


（幸子）「さっきの話、本当にできるの？」

（優希）「何が？」

（幸子）「ばあちゃんの話」

（優希）「ああ」（どうでもよかったので、気のない受け答えをする）

（幸子）「やる気がないなら言わないで。見た目だけの話好きじゃないの知ってるでしょ。亮と暮らしてたんだから、そのくらい分かるでしょ」

（優希）「分かってるよ」

（幸子）「それなら本当にできるの？」

（優希）「やろうと思えばできるんじゃない？」


大橋を渡って北千住駅に続く商店街を歩く途中、幸子は惣菜屋に立ち寄って、シューマイと揚げ物を買い、3人で食べながら歩いた。

（優希）ため息をつく。

（幸子）「結局できないの？　お前がやるって言ったからシューマイを買ったの。結局できないの？」


北千住駅前に着き、ペデストリアンデッキのベンチに座ってビルの壁に埋め込まれた大型ビジョンを眺めていると、自殺防止のための相談ダイヤルの広告が流れていた。

（優希）「こういうところに相談したら生活保護につなげてくれるんじゃない？」
（幸子）「まだそんなこと言ってんの？　結局できないの？」
　その後3人は、北千住駅から電車に乗り、塗装会社の寮に戻った。

事件当日（優希の証言より）

　事件当日26日の朝、優希は幸子に起こされて目を覚ました。寮の部屋の荷物はほとんどが既に片付けられてボストンバッグに詰められていた。幸子が「いつでも出られるように」と言ったので、優希は「本当にやるんだな」と思った。その後、以下のようなやり取りがあった。なお、幸子は、優希と殺害方法について話し合ったことを否定している。

（幸子）「どうやってやる気？」
（優希）「考えてない」
（幸子）「本当にやる気あんの？」

（優希）（延長コードを持ってきて）「これでやれるんじゃないの？」

（幸子）「じじいは？」

（優希）延長コードで首を絞める動作をして見せる。

（幸子）「まあいいや。指紋には気をつけろよ。あと、何かしら理由つけないと、（祖父母宅には）入れないよ」

（優希）「仕事着で行って、『仕事で近くに来たから寄った』、とか？」

（幸子）「仕事着持って行くってことでしょ？　邪魔になる。○○建設のことを言えばいいんじゃない？」


昔から人をだます際にしてきたように、幸子が嘘の場面設定を詳しく考える。○○建設のビルの何階から何階が社員寮で、寮のどの部屋に住むことになるのかを幸子が考え優希に伝えた。

結衣のおむつと1日分の着替えを詰めたキャリーケースを持ち、幸子は優希と結衣を連れて寮を出て、ＪＲ川口駅行きのバスに乗った。

（優希）ため息をつく。

(幸子)「やめるならやめるって言ってよ」

(優希)「バス停が遠いからため息をついただけだよ」

(幸子)「じゃあ、そういうことしないで」


バスが川口駅に到着して3人で降車する。優希はバスから降りて再びため息をついた。


(幸子)「言っとくけど、帰っても金ないよ」

(優希)「やるって言ってんじゃん。もうやるしかないんだから」

(幸子)(ふざけたように)「きゃー、怖い」


優希はその後、黙り込んだ。

続いて、祖父母宅がある西川口に向かうバスに乗り込む。

西川口に着くと、達夫と和子が住む家の近くにある児童公園に向かう。公園は、かつて祖父母宅に来た時に優希や結衣がよく遊んだ場所だった。そこから優希が一人で祖父母宅に向かい、幸子と結衣は公園で優希が戻るのを待つことになっていた。


(幸子)「もう戻れないかんね。本当にやれんの？　金ないからね」

(優希)「分かってるよ」

(幸子)「時間はどれくらいかかる？」

(優希)「……1時間くらい？」

(幸子)「遅い。コイツ(結衣)も居るんだから。ってか、ここまで来てできないとか、マジあり得ないかんね」

(優希)「分かった」


そう答えると、優希は一人で祖父母宅へ向かった。その時の心境について裁判で弁護人に尋ねられると、優希は「殺す、殺さないの次元ではなくお金だけは持ってこないとどうしようもない。母の言うことが頭の中で何度も流れ、『お金、お金……』とだけ考えていた」と語った。

祖父母殺害

午前11時45分頃、優希は、児童公園で幸子と結衣と別れ、祖父母が住むアパートに向かった。祖父母宅に到着後の出来事について、優希は一審の公判などで次のような内容の証言をした。

幸子はこれまでに何度も達夫から借金を繰り返して返済していなかった。この頃は実家に行っても玄関のチェーン越しに会話するだけで、なかなか家に上げてもらえなかった。そのため、家に上げてもらうには「建設会社への就職が決まった」という口実が必要だった。

建設会社に就職が決まったと言うと、達夫は自宅に上げてくれた。あらかじめ用意していったその会社に関する嘘の話をし、優希は達夫から渡された紙に、幸子がこういう時のためにあらかじめ調べておいた会社の連絡先を記入した。

幸子から祖父母を殺害して金を奪うよう指示されていたものの、優希は最初、何とかして殺さずに、金を借りようと試みた。就職のために「引っ越し代が必要だ」と借金の話を切り出すと、達夫は「また金の話か」と怒りだし、優希の頬を平手で殴るなどした。そして、「あの女（幸子）にも言っておけ」と言った。

借金を拒絶された優希は、金を得るためにはどうすべきかを考える時間を稼ぐため、トイレに入った。そこで、金が借りられないことを自分の中で再確認し、「何とかしなきゃ」と必死に考えた。2人を殺して金を持ってこいという幸子の意図に反し、「自分勝手に借りようとしたからこんなことになったのか」と自分を責めもした。結局、幸子の言葉が頭から離れず、「やっぱり殺すしかない」という結論に至った。

トイレに長時間入っていると達夫に怪しまれることを警戒し、急いで居間に戻った優希は、達夫に「もうお金の話はしない」と伝え、しばらく仕事についての会話を交わした。

その後のことで頭がいっぱいになり、どんな話をしたかは覚えていない。頭の中では、達夫と和子を殺すのは「母親と妹を生き延びさせるために必要な悪だ」と自分に言い聞かせて、これからしようとしていることを正当化しようとした。同時に、どうやって殺害するかの計画を練った。

廊下に出て和子に声をかけ、キッチンに呼び出し、背後から延長コードで首を絞めた。首を絞めている最中に和子の手が自分の手に触れてきて、一瞬だったが、「この手と昔手をつないで歩いたな」と思った。しかし、意識を切り替え死んでもらうことだけを考え、キッチンにあった包丁を使って刺した。どうやって刺せば人が殺せるかなどという知識はなく、「包丁が深く刺されば死ぬのかな」と、幼稚なことしか考えなかった。しかし、包丁はうまく刺さらず、「コルセットを巻いているせいだ」と考え、別の細い包丁を手に取り再び刺した。その時の感触は今も手に残っている。

その後、ジャケットの内ポケットに和子を刺すのに使った1本目の包丁を入れて居間に戻り、「おばあちゃんの姿が見えない」と和子を捜すふりをしながら「おばあちゃんがキッチンで倒れてる！」と叫び、達夫をキッチンに呼び出した。長身の達夫が立っていたため延長コードは使えないと判断し、内ポケットにしまっていた包丁を取り出して達夫の背中を刺した。

達夫は優希の方を振り返り、「何しているんだ、お前」と言った。優希は何が何だか分からなくなり、過去に達夫と一緒に過ごした映像が頭に浮かんだ。達夫が口から血を吐いて倒れると、映像はそこで止まった。

自分がやったことであるにもかかわらず、「おじいちゃん家に来たらこんなになっていました」というような感覚と、それとは対照的に手に残る感触に、頭の中が真っ白になった。

殺害後

2人を殺害したことで頭の中が真っ白になってしまった優希は、祖父母宅から何も盗らずに幸子と結衣が待つ児童公園に戻った。その時の様子と、祖父母宅に戻って金品を奪うまでの状況について、一審で明らかになったことと、一部、優希の手記などからも引用して記す。

公園に戻ると、幸子に「震えているし、顔が白いよ」と笑われた。優希が笑えずにいると、「本当に殺してきたの?」と幸子に聞かれ、「多分」と答えた。幸子に「多分って何?」「生きていたら警察に通報されるよ」「お金は?」と矢継ぎ早に聞かれ、「持ってきてない」と答えた。

幸子に「家賃のお金はどこにあるの?」と尋ねると、幸子は「ばあちゃんの部屋の○○のところか、こたつのところの……」と、家賃が入ったかばんがありそうな場所を具体的に説明した。「カメラの入ったショーケースのカギは?」と優希が聞

く と、幸子は「(達夫の)ジャンパーのポケットに入っている」と答え、さらに「(和子の)金の指輪もあるんじゃない？　指か、机に置いてある」と言った。優希は、「おばあちゃんの家に誰かが電話をしたら、誰も電話に出ないことを不審に思われるのではないか」と不安になり、「電話機とかも持ってきた方がいい？」と幸子に聞いた。

幸子も一緒に祖父母宅に戻ろうとしたが、そうすると結衣も連れて行くことになる。優希は結衣に現場を見せたくなかったので、幸子を制止し一人で行くことにした。本当は自分も戻りたくはなかったが、2人が生きているかどうかを確認し、お金を何とかしなくてはならないと思った。

祖父母宅に戻ると、玄関からキッチンに行って2人が死んでいることを確認した。その後、和子の部屋へ行った。和子の部屋の奥のふすまはいつも閉まっていたため、ふすまを隔ててキッチンとつながっていることを、優希は知らなかった。不意にふすまを開けるとそこはキッチンで、倒れている達夫の顔と和子の手が見えた。優希は「見たくないものを見てしまった」と思い、近くに積んであった空き箱などを遺体の上に散らかして顔を覆い隠し、ふすまを閉めた(空き箱は、菓子が入っていたものなどを和子が捨てられずにためていたものとみられる)。

家賃として支払うために和子が準備しておいた金などを探し、キャッシュカードや売って換金できそうなものを盗って家を出た。その際、家の鍵がどこにあるか分からず、外からチェーンを閉めた（玄関ドアに歪みがあったため、外からチェーンを閉めることができ、和子が外出時に防犯のためによくそうしていた）。

優希は和子がよく外からチェーンを閉めているのを知っていたため、「最後くらいそういう風にしてあげたい」となぜか思った。

公園に戻ると、幸子は優希が持つ盗品に視線を向け、「あった？」と聞いてきた。優希はその場では盗ったものを見せず、「カードの暗証番号は分かる？」と幸子に聞いた。幸子は「分かるよ」と答え、近くのショッピングセンターに行こうと言った。その時に優希に、着ていた服を処分するように指示した。

ショッピングセンターに着くと、幸子は優希に「震えているよ」と言って飲み物を渡してきた。幸子が「カードを試してみれば」と言うので、優希は暗証番号を教えてもらい、金を引き出した。祖父母宅から持ってきた現金と引き出した金の合計金額を幸子に伝え、川口市から荒川を隔てた対岸にある東京都の赤羽に移動するため幸子がタクシーを呼んだ。

赤羽に着くと、3人はカラオケ店に入った。その後、幸子だけカラオケ店を出て、ホテルを予約するために近くの漫画喫茶に行った。優希はカラオケ店で結衣に食事をさせ、達夫と和子を殺害したことを忘れたい一心でカラオケを歌った。

幸子がカラオケ店に戻り、3人でホテルへ移動した。幸子は「タクシーで行こう」と言ったが、優希は無駄な金を使いたくなかったので「電車の方がいいんじゃない？」と促すと、幸子は渋々承諾し、電車で行くことになった。

ホテルにチェックインすると、幸子が祖父母宅から盗んだもののことを聞いてきた。普段からまとまった金は幸子が管理しており持ち慣れていなかったため、優希は幸子に金を渡した。ホテルの隣にパチンコ店があったので、一人になりたくて「パチンコに行きたい」と言うと、幸子から「試していないカードがあるから、先にやってきて」とキャッシュカードを渡された。近くのコンビニのATMでカードを使って1万円を下ろし、その後パチンコに行った。その間、幸子は結衣を連れて買い物に出かけ、自分の靴を購入したとみられる。

パチンコを終えると、優希は前日に北千住の駅前の大型ビジョンで見た自殺防止の相談ダイヤルの映像を思い出し、映像と共に流れていた音楽を聴きたくなった（この月は「自殺対策強化月間」で、駅などでは集中的にこの映像が流されていた）。

「泣きたくて　でも泣けなくて　いま　ひとりぼっちのあなたへ」

ホテルに戻ってパソコンを借り、頭に残っていたサビのフレーズを、うろ覚えのままインターネットで検索し、動画サイトに投稿された音楽ビデオを探し出して再生した。ワカバという男性2人組が歌う「あかり」という曲だと分かった。歌詞は、「ちゃんと伝えたいんだ　そばにいたいよ　どうか　どうか　どうか　消えないで」と続いていた。

曲と共に映し出されたパラパラ漫画のような線画のアニメーションは、人間関係に不器用な主人公がいじめられたり裏切られたりして絶望して「殻」に閉じこもり、孤立して追い詰められていく様子が描かれていた。しかし、たまたま通りかかった人が厚い殻に覆われて周囲から見えなくなりつつあった主人公の存在に気づき、小さな穴をあけて中を照らしてくれた。殻の中にいた主人公は大粒の涙を流して殻の外に這いだし、助けてくれた人と2人で別の孤立した人を助けに行くというストーリーだ。

「もっと早くこの曲に出会いたかった」と、優希は思った。

それからしばらくして、優希と幸子は、もしも警察に捕まった場合の、口裏合わせをした。優希は幸子に「最悪捕まるなら、自分一人で充分。幸子さん（優希は当時、母親をこう呼んでいた）は『自分は関係ない』と言ってくれればいい。そしたら結衣のことはお願いね」と言った。幸子は「そんな変なこと言うなよ」と涙ぐんだ。幸子は会話の最後に、「お前も認めるなよ」と言った。

事件発覚

アパートのキッチンで達夫と和子の遺体が発見されたのは、殺害から3日後の3月29日だった。幸子の姉の依頼で室内を確認した警察官が、遺体を見つけた。

姉は警察に連絡する前、達夫と和子と連絡が取れなかったため合い鍵を使って玄関の鍵を開けようとしたが、ドアにはチェーンが掛かっていた。室内には布団やビニール袋が散乱し、タンスの引き出しがあけられ、電話台の上から電話機がなくなっていた。

キッチンは足の踏み場もないほど紙箱や小物入れが散乱し、遺体を覆い隠していた。幸子の姉はこの時遺体を発見できず、室内の様子がおかしいことから警察に連絡をした。室内には、建設会社の名前などが書かれたメモが残されていた。

遺体の状況

達夫の遺体は、背部に刃渡り17・5センチの柄のない包丁が刺さったままになっており、傷の深さは約15センチあった。

和子の遺体も背中に刃渡り約21センチの包丁が突き刺さっており、首に赤褐色の絞められた痕があった。背部の刺し傷は計6カ所で、もっとも深いもので21センチあった。2人の死因は、共に肺が損傷したことなどによる呼吸不全や失血などだった。

逃走中

幸子は優希が祖父母を殺害してまで手にした金をいつものように浪費し、4月1日には手持ちの金が底をつきそうになっていた。コンビニなどに置かれている無料の求人誌で優希の新しい働き口を探し、埼玉県との県境にほど近い東京都内にある解体業者に目星を付けた。優希が電話をかけ、4月2日に面接をしてもらえることになった。住み込みでの仕事は幼い子連れだと敬遠されがちだが、この時はスムーズに仕事が決まった。

４月29日に逮捕されるまでの約４週間、優希はこの解体業者で働き、幸子と結衣と共にこの会社の借り上げのアパートで暮らした。

さいたま地裁の公判で、優希はここでの暮らしについて以下のように証言した。

「すごくよく扱ってくれて、住む場所も生活に必要なものも用意してくれた。仕事の面も分かりやすく教えてくれ、事件がなければ、ここなら一生働けると思った。でも事件を起こしてしまっているので、周りがいい人すぎるので、自分がここに居るのは間違いだと感じ、早くここから消え去りたいとも思っていた」


10人ちょっとが座ればいっぱいになるこぢんまりとした店内では、５つほどあるカウンター席で常連客たちが酒を一杯飲みながら店こだわりの焼き鳥をつまみ、１日の仕事の疲れを癒していた。窓越しにも和気藹々とした雰囲気が伝わってきて、初めての客には少し入りづらく感じた。躊躇しながら店に足を踏み入れると、カウンターの常連客と話をしていた従業員の女性２人が優しい笑顔で筆者を迎え入れてくれた。

優希が逮捕される直前に勤務していた解体業者の代表である飯田さん（仮名）が、

取材に応じてくれる場所として指定したのが、飯田さんが経営するこの店だった。

しばらくして60代くらいに見える飯田さんが姿を見せると、常連客の中には悩み相談を始める人もいた。飯田さんは、客と膝をつき合わせるように座り、相づちを打ちながら熱心に事情を聞き、言葉をかけていた。

その空間は、どこか現実離れしているというか、自分が普段生きている世界とは違う空気が流れているような、不思議な感覚がした。

飯田さんが作り出している場の空気なのだろうか。優しさや慈悲がにじんでいるようだった。良いものは良い、悪いものは悪い。困っている人に優しくする。少し考えて、筆者が違和感を覚えたのは、こうした善意が純粋に存在する空気に不慣れだったからではないかと思い至った。

裏返せば、見返りを求めない善意や裏表のない優しさ、正義感、そういうものが純粋には存在し難い社会で私たちは生きているということなのかもしれない。

飯田さんの話では、この会社では幼い頃から事務所に遊びに来ていた地域の子どもたちを、大人になると従業員として雇うことが多いのだという。それだけにアットホームな雰囲気で、従業員は飯田さんのことを「お父さん」と呼ぶ。

そのため、求人誌を見て応募してきた人を雇うことは滅多になかったが、たまたま「付き合い」で求人広告を掲載していた時に、それを見た優希が電話をしてきた。電話に出た飯田さんが事情を聞くと、優希は「母親と幼い妹を食べさせないとならないが、寝るところもなく寮に入りたい」という。「父が会社に多額の借金をしたまま失踪し、借金を自分が働いて全額返済したところで社長に追い出された」、という一部嘘交じりの身の上話もしていたという。

普段ならば求人誌を見て応募してくる人を雇うことはないが、飯田さんは優希を放っておけず、面接をすることにした。その時の心境を、こう語った。「遊び盛りの少年が、幼い妹と母の面倒を見なくてはいけない。それを、大人が『知らないよ』とは言えない。もし駄目でも仕方ない、この縁でなんとかしてあげられるのなら雇ってあげようと思った」

4月2日に面接にやってきた優希は、髪を肩まで伸ばし、ボストンバッグを一つ持っていた。おとなしく穏やかな印象で、実年齢の17歳よりも幼く感じたが、「ごく普通の遊びたい盛りの年頃の少年」に見えたという。ただ、子どもにしては言葉を選び、余計なことは言うまいとでもいうような慎重な態度が印象に残ったという。

その場で採用を決め、その日の夜に寝る場所がないという優希たち3人のために、会社が管理する空き物件に飯田さんの知人らが布団とこたつを持ち寄り、3人に寿司を食べさせ、泊まらせた。

翌日には、事務所の近くのアパート2階の一室を寮として借り上げ、一家を住まわせた。古い木造アパートで、6畳2間に台所、風呂、トイレという間取りだった。従業員らが手分けをしてテレビ、冷蔵庫、茶だんす、布団、洗剤、シャンプーなど、当面の生活に必要なものをその日のうちにそろえてあげた。「世の中捨てたもんじゃないんだよ」と、飯田さんは筆者に言った。

そこで暮らし始めた日から、優希は働き始めた。飯田さんは、給料を浪費してしまうことがないように、日当の半分を生活費として優希に渡し、残り半分は飯田さんが管理することにしたという。

現場に出ても、優希は戦力にはならなかった。「初めての子がうちの仕事についてくるのは難しい。優希ははっきり言って足手まといで、こちらが給料をもらいたいくらいだった。でも朝はちゃんと出てきて、1日10~12時間必死に頑張った。徐々に教えていけばいいと考え、最初は箒を持たせて掃除をさせた」。優希は1日か2日は「用事がある」と休みを取ったが、それ以外はまじめに働いていたという。

先輩の後ろ姿を見て学べ。職人の世界ではそう言われることが多いが、飯田さんは違っていた。「今の時代は目で見て仕事を覚えろというのではなく、仕事を作ってあげることも経営者の仕事だ」という考えだ。言った通りにできれば「うまい」とほめてあげ、「やればできるじゃないか」と伸ばす。駄目なところは「こうすればいいんだよ」「現場に行ったら自分の家よりもきれいに掃除するんだよ」と具体的に教えた。

飯田さんは優希に対し、苦労しているだけに「何とか一丁前にしてあげたい」という思いがあった。金がないことは分かっていたため、現場では優希に昼食を食べさせてあげるよう、現場責任者に指示した。優希は飯田さんのことを、他の社員同様に「お父さん」と呼んだという。

優希の気質に合った居心地の良い職場だったのだろう。優希は、10歳ほど年上の、寡黙だが仕事をきっちりこなす先輩を慕い、その先輩も「俺があの子の面倒を見る」と目をかけていたという。

一方で、幸子の印象は良いものではなかった。ふっくらとした体形のせいもあり、最初は穏やかそうに見えたが、口がうまかった。すぐに、特別な理由もないのに自分は働こうとせず、優希だけを働かせていることに、飯田さんは疑問を感じるようになった。

飯田さんは幸子に、「チビ（結衣）を託児所に預けてパートでもして働きなさい」

と言ったが、幸子はのらりくらりとして仕事を探している素振りを見せたが、実際に探してくることはなかった。「口がうまい人間は信用するな」。飯田さんは日頃から従業員によくこう言っていただけあり、幸子を好ましくは思えなかった。

飯田さんは優希に、「男は汗をかいた分しか収入がない。苦しい時ほど仕事に没頭すれば、苦しみを忘れられる。辛い時は働け。必ず結果がついてくる」と言って聞かせ、励ました。そして、「社長になる目標でやりなさい。25、6歳には自分で会社を興して社長になれ。仕事ならいくらでも回してやる」と具体的な目標を与えて鼓舞した。

逮捕

逮捕は突然だったという。ある日、事務所に刑事がやってきて、飯田さんは事件のことを知らされた。

優希が会社の面接を受けた4月2日、一家はビジネスホテルに荷物を預けたままにしていた。勤め始めて2週間ほど経った頃、幸子か優希のどちらかが「ホテルに荷物を取りに行きたい」と言うので、会社の従業員が車で連れて行ってあげたという。その際に防犯カメラに映った映像などが、行方を追っていた警察が優希たちの居所を突き止める手がかりとなったようだ。

　埼玉県警の捜査本部は4月29日、祖父母宅から奪ったキャッシュカードを使ってATMで現金を引き出すなどしたとして、優希と幸子を窃盗容疑で逮捕した。さらに5月20日、優希は祖父母を殺害してキャッシュカードなどを奪ったとして強盗殺人容疑で再逮捕された。幸子も同月末、優希が2人を殺害した後に共謀し、祖父母宅からキャッシュカードなどを奪った強盗容疑で再逮捕された。

第四章　裁判

2014年4月29日に窃盗容疑で逮捕された優希は、5月20日に、祖父母を殺害して現金やキャッシュカードなどを奪ったとして強盗殺人容疑で再逮捕された。少年事件であるため家庭裁判所に送致されて少年審判を受けた後、刑事処分が相当と判断され検察庁に送致（逆送）された。その後、強殺と窃盗の罪で起訴され、大人と同様の裁判員裁判で罪を裁かれることになった。

幸子も同年4月29日、優希と共に窃盗容疑で逮捕され、5月末には強盗容疑で再逮捕された。その後、窃盗と強盗の罪で起訴された。

その後の裁判でポイントとなるのは、幸子が強盗殺人罪ではなく、強盗罪で起訴されていることだ。

幸子の強盗罪の起訴内容は、優希が祖父母を殺害した後にその事実を知り、優希に加担して祖父母宅から金品を奪う計画を立て、共謀して現金8万円とキャッシュカード数枚、カメラなどを奪った、というものだ。つまり、祖父母の殺害について幸子は関与していないということになる。

幸子は捜査段階から殺害への関与を否定し、自分の知らないところで優希が一人で行ったことだと主張した。

〈一審・さいたま地裁〉
幸子の裁判

窃盗罪と強盗罪に問われた幸子の裁判は、優希の公判に先立ち2014年6月24日に初公判があった。裁判の冒頭で幸子は、「(間違い)ありません」と起訴内容を認めた。

その後の公判では、優希が祖父母殺害後に何も盗らずに公園に戻った際、和子が家賃として支払うために準備していた金が入ったかばんの場所を教えた理由について「息子が怖かったので止めた方がいいとは言えず、かばんがある場所を教えてしまいました」などと語り、強盗行為についても優希が主導し自分は追従したにすぎないことを強調した。

また、幸子に殺害を指示されたという優希の供述について、「言っていない」と否定した。一方で、事件前に「お前のせいでこんなに貧しくなっている」などと優希を追い詰める発言をしたことは認めた。

9月19日の判決では、検察側の懲役7年の求刑に対し、懲役4年6カ月が言い渡された。判決で裁判官は、「(祖父母から借金を断られた)息子は、母である被告に説明できないと思い悩むあまり夫妻を殺害した」とし、「父母の殺害は別として、犯罪事実の責任は息子より重い。後悔の念はうかがえず、規範意識が鈍磨している」と指摘した。幸子は控訴せず、刑が確定した。

優希の裁判

【裁判1日目】

強盗殺人と窃盗などの罪に問われた優希の裁判は、幸子の判決から3カ月後の2014年12月15日、裁判員裁判（栗原正史裁判長）で審理が始まった。

少年事件のため、優希の顔が傍聴席から見えないよう、入廷したり退廷したりする際には可動式の衝立が用意されて目隠しがされた。傍聴席から見えるのは、背を向け着席している後ろ姿だけだ。

優希はその日、白いシャツに黒いパンツ姿だった。身長は高くも低くもなく、体格は細く華奢《きゃしゃ》でどこか女性的なシルエットに見えた。肩下20センチほどまで伸びた髪は、中程から下が茶髪、上が黒髪だった。

重大事件である強盗殺人は裁判員裁判の対象となり、女性1人と男性5人の計6

人の裁判員が3人ずつ、黒い法服を着た3人の裁判官の両脇に着席していた。年代は20～50代くらいに見えた。

争点

争点は大きく分けて2つあった。

①幸子から祖父母を殺害して金品を奪えという指示があったかどうか
②優希を、刑務所で服役する刑事処分に処すか、家庭裁判所に再び送り戻して少年院などに送致する保護処分とするか

幸子からの「殺害指示」について、検察側は「母親は殺害を指示していない」「（殺害後の）強盗のみでの共犯であり、殺害は少年が単独で犯行に及んだ」とし、「刑事処分にすべき」と主張した。一方弁護側は、「母親が殺害を執拗かつ明確に指示しており、母親も強盗殺人全体の共犯である」「医療少年院などで矯正教育を受ける保護処分にすべき」と反論した。

明らかになった虐待

優希の弁護は、国選弁護人として埼玉弁護士会所属の松山馨弁護士と、前園進也弁護士の2人が担った。

弁護側の冒頭陳述が始まると、主任弁護人の松山弁護士は裁判員の前に歩み出て、「この事件は、母親からの虐待がなければ起きなかった事件です」と訴えかけた。

話は優希の幼少期までさかのぼり、幼少期に両親が離婚し、その後幸子がホストクラブ通いを始めたこと、元ホストの亮と3人でホテル暮らしや野宿生活を強いられ、小学5年から学校に通っていないこと、亮と幸子からネグレクト（育児放棄）、身体的虐待、心理的虐待、性的虐待を受けていたことなど、過酷な生育環境が明らかにされていった。

幸子の出廷

午後の法廷が開廷するとまず、検察側の証人として服役中の幸子が出廷した。

法廷に姿を見せた幸子は、黒いズボンに黒いトレーナー姿、優希とは対照的に丸みを帯びた体形だった。胸まで伸びた髪は半分から下が茶髪で上は黒髪。法廷で意見は対立しているが、同じように色分けされた優希の髪が、親子が逮捕まで一心同体のように同じ場所で同じ時を共有してきたことを物語っていた。

優希と幸子の対面は、逮捕以来約8カ月ぶりだった。優希の左前方のドアから入廷してきた幸子は、姿を見せた瞬間から、無表情のまま優希の目をじっと見つめていた。それは傍聴席から見ていても違和感があるほどだった。証言台に着くまでずっと、その視線を優希に送り続けていた。

目さえ合えば優希に自分の言うことを聞かせられる。傍聴席の筆者にはそんな気迫が伝わってくるようだった。優希はうつむいたまま視線を落とし、目を合わせなかったように見えた。

質問に立った検察官に「少年は祖父母の殺害について、前日に母親に執拗に指示されたと言っているが」と問われると、「していません」ときっぱりと答えた。続いて、「(事件当日の朝に塗装会社の寮で)少年は母親から『延長コードで首を絞めれば?』と言われたと言っているが」との問いにも、「言っていません」と即否定した。

幸子の証言によると、事件前日の3月25日、優希に祖父母から金を借りてくるように頼んだ。その際に、「『仕事もお金もない。こうなったのもあなたのせい。せめて引っ越し代は借りてきてほしい』とかなりきつい口調で責め、息子を追い込む発言をした」ことは認めたものの、事件で使われた延長コードについては「携帯電話の充電器を差し込むためにいつも持たせていた」とした。

そして、「(今考えれば)自分が行けば良かった。もっとしっかりした母親だったら自分で仕事を見つけた。一番遊びたい年頃なのに、言葉にできないくらいお兄ちゃんには申し訳なく思っている。それしか言えない」と続け、持っていたハンカチで涙をぬぐった。

【裁判2日目】

12月16日も午前10時に開廷し、弁護側の被告人質問が始まった。

冒頭で松山弁護士から「昨日の母親の証言をどう思った?」と尋ねられると、優希は「複雑な気持ち。自分が見聞きしたことや望むこととまったく違ったことを話した。意味なかったという感じ」と答えた。

そして、松山弁護士からの質問に答える形で事件直前から逮捕までに起きたことを詳述し、「これが昨日母が証言すべきことだった」と言った。

その日の午後は、優希の生育歴に関する被告人質問も行われ、優希の過去の生活が詳細に明らかにされていった。

最後に松山弁護士から幸子に関する質問があった。


(弁護士) 事件を起こして母親と離れてみて感じたことは？

(優希) ただただ、自分のことをごまかして来ただけだと感じた。

(弁護士) 逮捕後に母親から手紙を受け取ってどう思ったか？

(優希) 久々の連絡なので最初は泣いたが、手紙が来るたびに「この人はこういう考えなんだ」と思った。

(弁護士)母親と一緒に生活し、言うことを聞いていた頃の自分が読んだらどうだったと思うか？

(優希) そのまま信じていたと思う。

(弁護士) 昨日（の証人尋問で）母親に言ってほしかったことは？

(優希) 母の口から直接聞ける、最初で最後の機会だった。本当のことを言ってくれたら良かったのにと思う。

[裁判3日目]

弁護側の証人として、児童虐待に詳しい男性精神科医が出廷した。

精神科医は、「少年は母親と義父から身体的・心理的・性的虐待、ネグレクト（育児放棄）を受けた。事件は、それにより『学習性無力感』を抱く過程で起きた」と述べ、次のように訴えた。

「学習性無力感をなくすためには、自分の人生を自分でコントロールできるような丁寧な働きかけが必要だ。本来保護されるべきだった少年を保護できなかった、社会的責任を忘れてはならない」

学習性無力感とは、ストレスが自分の力では回避できない環境に置かれると、その環境から逃れる努力すらしなくなり無抵抗にストレスを受け続ける現象のことだ。もともとは、米国の心理学者、マーティン・セリグマンが犬での動物実験を行い提唱した。

実験では、ある行動を取れば電気刺激を避けられる条件下に置かれた犬は、不快な電気刺激が与えられると回避するための行動を取ろうとした。しかし、どんな行動を取っても電気刺激を避けられない条件下に置かれた犬は、次第に電気刺激から逃れようともしなくなり、無気力にうずくまってしまった。

精神科医は、「虐待を受けると必ず学習性無力感になるわけではないが、少年の場合は虐待で積み重ねられてきた学習性無力感が、事件につながった」と分析。「少年はずっと何かをやろうと思っても母親から否定され、罪悪感を抱かされたりすることで『自分で変えることは無理。母の言う通りにするしかない』という経験が毎日積み重ねられてきた」と説明した。

幸子からの殺害指示があったかどうかが争点の一つとなっているが、精神科医は「私は指示があったと思っているが、仮に母親が『殺してこい』と言葉で言っていなかったとしても、母親の意図に逆らわないようにして（事件は）起こりえた」と述べた。

「母親の意図」とは何か。これまでもずっと、幸子から「生活できない」「お腹がすく」「結衣がかわいそう」と言われれば、それは優希にとって「金を持ってこい」というメッセージだった。仮に言葉での明確な殺害の指示がなかったとしても、日頃から「殺してでも」と繰り返し金の調達を迫られていた。そのため、幸子から責め立てられた優希は、幸子の意図は「殺して金を持ってこい」だと察知したという。

しかし実際には、優希は祖父から借金を断られ、その後どうすべきかを考えるためにトイレに入り、逡巡《しゅんじゅん》している。最終的に「殺す」を選択したのは優希自身の判断なのか、それとも幸子の指示に従うしかなかったのか。

裁判官や裁判長から精神科医への質問は、この点に集中した。「学習性無力感で犯行に及んだというならば、トイレで殺す以外の方法も考えたのはなぜか」などの質問が繰り返された。精神科医は「『殺す』以外の方法も取りたいが、それは母親が本当に望むことなのかと考えたのだろう。少年の反社会的傾向は事件以前には見受けられない。なので、そうとしか説明ができない」と証言した。

［裁判4日目］

優希の実父・祐介と、実父方の親戚の女性の2人が弁護側の証人として、そして幸子の姉が被害者遺族として、続けて証言台に立った。

祐介の証言

情状証人として証言台に立った祐介は、現在（裁判当時）は新しい妻と2人で暮らしているが、優希が社会に戻ってきたら支援する考えでいると訴えた。

証言によると、優希が10歳の時に幸子と離婚してからしばらくは、祐介は月1〜2回の頻度で優希に会った。一緒にゲームをしたり、近所のスーパーに行ったり、遊園地に行ったり、フィギュア店にフィギュアを見に行ったり、プロレス観戦に行ったりして一緒の時間を過ごしたという。

裁判官からの質問で幸子との離婚理由を問われると、「金の面。金遣いが荒く、人をだましてまで手に入れた金をギャンブルなどに使う」と述べた。さらに、そんな幸子に優希を託して適切に養育されると思ったのかという質問に対しては、「本人（優希）は『大丈夫』と嘘をつくし、見抜けなかった」「前妻（幸子）とその連れ（亮）とは、一切関わりたくなかった」などと答えた。

優希の事件を知った時の心境については、「警察から連絡があって事件を知り、信じられなかった。葛藤の末に事件を起こしたと聞いた時は泣き崩れた。しばらくは複雑な気持ちで、一緒に行ったプロレスのＤＶＤを見ながら泣いた」と証言した。

最後に、「息子は身よりがなく、今後は面会や手紙など僕にできることはしたいと思っている。社会に出てきたら、近くで支援をしていきたい」と訴えた。

おばさんの証言

祐介に続いて証言台に立ったのは、実父方の親戚である60代くらいの小柄な女性だった。あの、「おばさん」だ。

子どもがなかったという女性は、優希の父親の祐介を実の子どものようにかわいがっており、優希のことも本当の孫のように愛情を持って接していた。優希には毎月の小遣いを振り込みで渡していたという。開始時点は不明だが、月3000円からスタート、1学年上がるごとに1000円ずつプラスすると優希と約束していたと話した。

幸子と亮は、女性が優希を大切に思う気持ちにつけ込み、優希に女性に対して金の無心を繰り返させていた。

女性の証言によると、メールで優希から「学校のクラブ活動で使う道具を買いたい」「クラブ活動で友達にけがをさせてしまったので入院費が必要」「合宿に行く」などとメッセージが届き、自宅に電話がかかってくることもあった。

女性は優希が両親に強要されていた嘘を最初はすべて信じていたという。女性への無心の期間は約4年にわたるが、一家がさいたま市内のモーテルで生活していた時期に集中している。女性が振り込んだ回数は300回以上、総額は400～500万円に達した。女性は借金してまで優希のために金を工面していた。

無心の電話やメールは執拗で、女性は「断っても断っても連絡がくる」と証言した。だまされ続け大金をだまし取られる形となったが、女性は優希が逮捕された後は拘置所などに複数回面会に行った。証人尋問でその理由を尋ねられると、「何か役立てればと思ってやっている」と答えた。

女性は優希と面会した際に交わした会話についても語った。「なぜこうなる前に私のところに来なかったの」と尋ねると、優希は「母親がずっとそばにいたから行けなかった。（だまし続けてきたので）もう二度と会えないと思っていたが、会えてうれしい。迷惑をかけてごめんなさい」と答えたという。

そして、「面会に行くと決めた時から、にくいとはまったく思わなかった。かわいい孫みたいなものだと、（面会で）言葉を聞いて再確認した」と心境を語った。

さらに、「今後も面会や手紙のやり取りを続け、社会復帰したらできるだけのことをやってあげたい。親戚の世話になっているので一緒には住めないが、そばに置いて交流し、面倒をみていきたい」と話した。

被害者遺族の証言

幸子の姉は、両親を奪われた被害者遺族として優希を厳罰に処してほしいと訴えた。

優希は甥に当たり血縁関係にあるため、被害者遺族でありながら加害者の親族でもあるという複雑な立場に立たされる形となった。

姉と幸子は父親が異なる異父姉妹で、姉が小学5年生の時に達夫と和子が再婚し、幸子が生まれた。姉が結婚して実家を出るまでの10年あまり、両親と幸子と4人で生活をしていた。

姉の証言によると、姉と達夫や和子との関係は良好で、結婚後も月に一度は実家を訪ね、夏休みや冬休みには子どもを連れて遊びに行った。病気がちだった和子の通院に付き添ったり、達夫がけがをして入院した時には、退院後しばらく姉の家で過ごしたりした。2人を招待して一緒に旅行に行ったこともあり、また旅行に行こうと計画していた矢先に事件が起きた。13歳離れた幸子が生まれた時にはとてもうれしく、病気がちだった和子に代わり風呂に連れて行ったり、社会人になってからは映画に連れて行ったりしたこともあった。

しかし、幸子の結婚後は金を無心する連絡しか来なくなり、その後付き合いがなくなっていった。最後に幸子と会ったのは、優希が5年生くらいの時だった。幸子から「給食費が払えないので貸してほしい」などと連絡があり、優希がかわいそうだと思って何度か貸したが返済されないため、振り込みに応じなくなると優希がマンションまで来て、インターホン越しに「貸して」と言った。

「貸せない」と突っぱねたものの、小学生の優希が気になり後を追うと、近所の建物の陰に幸子がいた。子どもを使って金を借りようとしたことに腹が立ったが金を渡し、「もう付き合わない」と宣言した。その後、幸子が金を借りにくることも、姉から連絡することも一度もなかった。

達夫と和子を殺害した優希に対しては、「厳重な処罰を望みます。保護処分は納得がいかない」と声を震わせた。優希からの謝罪は一切なく、「少年は家裁の審判で『あの家族が嫌いだ。遺族として悲劇の家族と思っているのが腹立たしい。謝るつもりはない』と言っていたと聞き、言葉を失った」と、ハンカチで涙をぬぐった。

姉の証言が一通り終わると、裁判長からは優希が置かれていた過酷な境遇について姉が把握していたかどうか質問がなされた。被害者遺族に向けた質問だけに言葉を選びながらも、「少年が親の犠牲になっていたという認識はあったか」など、踏み込んだ質問が続いた。姉は、「詳しい生活状況までは知らなかったが、当時は不憫に思った。でも、今回の事件とは別。人として2人の命を奪うことは絶対にしてはいけないことです」と述べた。

最後に裁判長が「決して（あなたに対する）非難ではないのですが、誰か少年を助けられなかったのか。こんなになるまで放っておいて。これだけ大人たちがそろっていて」と問いかけると、「金銭面（の援助）は親戚や両親がしていました。（優希は）働ける歳で、自立ができる歳です。自分でこの環境から抜け出そうという思いがあれば抜け出せたと思います」と語った。

結衣への思い

裁判の中で優希は、モーテルで生活していた頃に幸子が子どもをほしがっていたことに対し、「自分たちの面倒もみられないのに、新しい命を世話するなんて絶対に無理」と反対していたことを明かした。しかし結衣が誕生すると、日頃の世話のほとんどは優希がすることになり、結衣への愛情も深まっていった。

裁判で結衣について尋ねられると、「自分の人生はとっくにあきらめたけれど、妹はちゃんと生活させ、学校に行かせたいとずっと思っていた」と語った。

女性裁判員から「妹をちゃんと生活させたいと言ったが、どうやって？」と問われると、「最悪自分らの手から離した方がいいと思っていた」と答えた。

そして「妹のために仕事を頑張るというのが唯一の心の支えだった。ただ会いたい。妹は実父である義父からも捨てられ、事件によって母親も自分も離れてしまった。家族は温かいものと思わせてあげたかったのに」と証言し、事件を機に自分たちの手から離すことはできたが結衣を一人ぼっちにしてしまったことへの葛藤や後悔をにじませた。

「誰が悪いのか」

優希や証人の証言を、裁判長は時折顔をしかめたり、腕組みをしたりしながら聞いていた。

被告人質問の最後、裁判長は優希に「亡くなった祖父母は好きだったか」と尋ねた。

優希は「結構意地悪な質問しますね。アハハ」と、動揺を隠すように乾いた声で笑った。

「だから聞いてるんだよ」。裁判長は、にらむような厳しい表情で、優希の目を見据えた。

「祖母は大好き。祖父は好きなところもあるけれど、嫌いな時もある。でも一緒に笑いながら話す時は、いいおじいちゃんという感じだった」と答えた優希に、裁判長は「悪いことをしたという気持ちはあるか」と尋ね、優希は「当然です」と答えた。

裁判長は続けて、「母親の指示があった前提で聞く。この事件、誰が悪いんだ?」と聞いた。

「自分。母親への気持ちの持ち方をちゃんとしていれば、誰かにお金を借りに行くことも止められたはず」。優希は声を震わせ、話し終わると大きく息を吸ったように見えた。「そうか」。裁判長は、椅子の背もたれに身をあずけ、腕組みをして大きく息を吐いた。

裁判員からの質問に答えながら「これから先、自分は生きていく自信がない」とつぶやいた優希は、本心を語ることに慣れていないのだろうか、深刻さを打ち消すように「アハハ」とまた場違いな笑いを付け足した。

［裁判5日目］
論告求刑

裁判員裁判5日目の12月19日、論告求刑公判が開かれた。

検察側は、争点となっていた幸子から優希に対する「殺害指示」の有無について、幸子が優希に刃物などの凶器を事前に準備させていないこと、幸子にとって達夫と和子は「金づる」であり殺害させるメリットがないこと、捜査段階では「殺害指示はなかった」としていた優希の供述がその後変遷していて信用できない、などを理由に、「なかった」と主張した。

「学習性無力感」で幸子の指示に逆らえなかったという弁護側の主張に対しては、「母親によって追い込まれた心境になったのは事実だと思うが、祖父に借金を拒否された後に『殺す』以外の方法も考えたのに最終的に殺害したのは、少年自身の判断」と反論した。

最後に、「検察官も母親は相当悪いと思う。しかしそれは母親の刑事責任を問うべき問題で、少年の刑事責任とは別。母親の行動の問題性と少年の刑を軽くすること（を結びつけるの）は、事件の実態を無視した乱暴な論法だ」と述べ、「成人なら死刑求刑もありうるが、少年は当時17歳で、小中学校にもまともに通えず不遇だった。事件当時母親から追い込まれていたことも考慮した上で、無期刑に相当する」と、無期懲役を求刑した。

最終弁論

続いて弁護側の最終弁論があった。

松山弁護士は裁判員たちの前に歩み出て、「この事件は、母親が少年を母親の犯罪の道具として利用した事件です」と訴え、強盗部分だけでなく、強盗殺人全体で共謀が成立すると主張した。

幸子からの「殺害指示」については、「少年は母親からの犯罪的虐待の中で学習性無力感となり、『母親の言う通りにすることでしか生きられない』と学んでしまった。マインドコントロールではないので他の選択肢も考えるが、最終的に結局母親の考えに戻ってしまった」と説明し、自分の意思ではなく幸子の指示に従わざるをえない状況で事件が起きたとした。捜査段階での「指示はなかった」という供述がその後変遷したことについては、「当初は母親をかばっていたため嘘をついたが、母親が自分に都合のよい嘘の供述をしていることを知らされ、本当のことを言うしかないと考えるようになったため」と説明した。

続いて前園弁護士が、事件を防げなかった「社会の責任」について言及。「周りの大人はシグナルに気づき母親から引き離すべきだった。しかし、誰もしなかった」と訴えた。

さらに「児童相談所は一時保護の権限を持ち、母親から少年を引き離すことが可能だった。児相が一家を保護した時には少年の前歯は4本なく、ほとんど学校に行っていなかったことも調べればすぐ分かること。なのに見過ごしてきた」と行政の対応を批判し、「未然に事件を防げなかったのは社会の責任でもある」と主張した。

その上で、優希は虐待を受けた結果、人との関係をうまく築くことができず、事件についても祖父母に悪いことをしたと考えているものの、それ以上反省を深めるには至っていないとし、「反省を深め、自分の人生を自分でコントロールできるという実感を取り戻すための丁寧な働きかけができるのは少年院だけ」と、医療少年院送致の保護処分を求めた。

最終弁論後、裁判長は優希をその場に立たせ、最後に言いたいことはないかと聞いた。黒いセーターにベージュのパンツ姿の優希は、傍聴席に背を向けたまま前を向いて口を開いた。

「今回事件を起こし、いい機会とは言えないが、自分なりに歩んできた道を見つめ直し、いろいろな人と出会い、自分の考えがおかしかったと気づいた。そう思えたことが大きな進歩と思う。これからもそういうことを続けていけたらいいと思います。以上です」

【判決】

判決は、12月25日のクリスマスに言い渡された。裁判員裁判で明らかになった優希の不遇な境遇が論告求刑公判から判決までの間に報道されると裁判はにわかに注目を集め、傍聴券を求める列ができたほどだった。

優希は、黒いセーターにジーパン姿で茶色のサンダルをはき、いつものように傍聴席に背を向けて座っていた。

裁判が始まると、裁判長は優希を立たせ、「被告人を懲役15年に処する」とする主文を読み上げた。

判決では、優希は事件前日から当日朝にかけて幸子から祖父母宅に行って金を借りて来るよう執拗に言われ、一人で祖父母宅に向かって借金を申し込んだが強い態度で断られたため2人を殺害して金品を奪ったと認定した。

争点となっていた幸子からの殺害指示があったかどうかについて、「母親は普段から少年に金を借りさせる際に『殺してでも借りて来い』と言っており、事件前にもそう言ったことは否定できない」とした。しかし、幸子にとって金銭面で助けてくれていた祖母まで殺害しろというのは合理的ではない、優希の供述が変遷していて信用できないなどの理由から、「母親の『殺してでも借りて来い』という言葉は借金を確実にさせるための追い込みの言葉にすぎず、強盗殺人を指示していない」と結論づけた。

その上で、「知的能力に恵まれており、被告人の生育環境、性格傾向、犯行への母親の強い影響があったとしても、なお祖父母の殺害を思いとどまることも十分にできたはず。犯行に至るまでに周囲の者が被告人の置かれた劣悪な環境を改善できなかったのは残念だが、そのことが本件の主要な原因とはいえない」として、刑事処分を科するべきとした。

しかし、優希の不遇な生育環境がまったく考慮されなかったわけではなく、判決で裁判長は、以下のようにも述べている。

「被告は、母親の極めて不適切な養育や不遇な生活を強いられる中で、母親に逆らわない性格傾向となり、自分自身には金がほしいという強い意欲はなかったのに、母親に『殺してでも』などと強い言葉で祖父母からの借金を執拗に迫られ、追い詰められた気持ちが募って犯行に及んでしまった。最終的には本人が殺害を決意しているとはいえ、その決意は母親の養育や犯行前の母親の言動に大きく左右されたものであり、犯行当時17歳であったことからこの点は特に斟酌《しんしゃく》すべきである」

さらに、優希が「自分が一番悪かった」「祖父母に申し訳ない」などと述べ後悔や反省の態度を示していることから、「最高刑である無期懲役に処するべきとまでは言い難い」と、量刑の理由を説明した。

裁判長の「説諭」

裁判長は判決を読み終えた後、優希に向かって語りかけた。

「君がおじいさんとおばあさんを手にかけてしまったことは、母親にも原因があるのは間違いない。しかし、だからといって刑事責任はなくならない。懲役は15年だが、2人が亡くなった意味を一生かけて考え、その上で、実父をはじめ君のことを思う人と共に、刑期を終え君が社会に戻るのを我々も待っていようと思っている」

優希は、「はい」と返事をし、ゆっくりと立ち上がった。その声からは、優希の気持ちを読み取ることはできなかった。

控訴

幸子からの「殺害指示」は「なかった」として強盗殺人全体での共謀を否定した地裁判決に対し、弁護側は即日控訴した。舞台は、東京高等裁判所に移ることになった。

〈二審・東京高等裁判所〉

【第1回公判】

東京高裁（秋葉康弘裁判長）での控訴審第1回公判はさいたま地裁判決から半年後の2015年6月17日にあり、即日結審した。事件への関心は高く、この日も傍聴券を求めて行列ができていた。

半年前には胸まである茶髪だった優希の髪は黒髪になり、肩の上で短く切りそろえられていた。優希は白いシャツを着て、いつものように傍聴席に背中を向けて座っていた。

争点は「殺害指示」

弁護側は、一審判決が否定した幸子からの「殺害指示」について、再び「あった」と主張。また、優希に対する支援者の一人として親子関係の脳神経科学を研究する理化学研究所脳科学総合研究センター（当時）の黒田公美・医学博士が弁護側証人として出廷し、幸子が優希を心理的に支配し優希は幸子に逆らえない心理状態にあったことなどを説明し、優希本人がこの関係に気づくことが必要だと証言した。

黒田氏が勤務する理化学研究所は、事件があった川口市と同じく埼玉県内（和光市）にあり、報道で事件を知った黒田氏が弁護士に連絡を取って協力を申し出た。黒田氏は、拘置所の優希と複数回の面会と手紙のやり取りを重ね、優希と幸子の関係について分析した結果に基づき法廷で証言をした。

黒田氏は、「本事件が起きた要因として重要な点は、母親が少年を幼い頃から心理的に支配し、母親以外の大人に頼ることができず、結果的に母親に言いつけられたことに逆らえない状況に追い込んでいたことだ」と主張した。そして、次のように説明した。

ほ乳類の子どもは未熟な状態で生まれるため、親（もっとも長く生活を共にする養育者）に本能的に愛着する。親の姿が見えなくなると、見捨てられるのではないかという不安を強く感じ、親を捜し求める。特に離乳期までの子どもは、もっとも愛着している親に虐待された場合、むしろ一層強くしがみつき、自分からは離れようとしない。

優希は小学5年の時に幸子がホストを追って1カ月間家に戻らなかった際、幸子に捨てられたと思い、絶望の中で「うつ状態」のような生活を送っている。この恐怖は、優希の幸子に対する執着を一層強いものにした。

それ以降、優希はいつも幸子の後ろを歩くようになったという。自分が先に歩いていて、後ろを振り返った時に幸子がいなくなっていたらと思うと、不安でたまらないからだ。

もちろん、子どもは離乳期を過ぎて発達するにつれ、次第に自信をつけ、親から離れていられる時間が少しずつ長くなる。そして親以外の大人や周りの環境と自分の力で関わっていくようになる。通常であれば親は、少しずつ手を離しつつ目は離さず、干渉しすぎないようにしながら、このような子どもの自立を励ます。しかし親が見捨てると脅しつつ、周りの大人とも接するのを阻害すれば、子どもは自分でやっていけるという自信をつけることができず、虐待されても親にしがみつく幼児期のパターンから逃れることができない。

弁護側の控訴趣意書によると、優希は通常は幼児期に特徴的にみられる強い「見捨てられ不安」を、逮捕時点の17歳になるまで持ち続けていた。幸子との安定的な信頼関係がない上に、幸子によって幸子以外の他者（実父や学校の教師、友人など）との継続的な信頼関係を築く機会を阻害されたため、一層幸子にしがみつかざるをえなかったためだ。

証言台で黒田氏は、「母親は、こうした少年の強固な見捨てられ不安を利用し、少年の行動や認知の様式を自らに都合よく変容させ、コントロールしていた」と指摘した。

このような行動は「心理的操作」や「対人操作」と呼ばれる。その背景として「母親自身とは面談できていないのではっきりしたことは不明だが、母親には特異なパーソナリティの問題があった疑いがある」という。

共依存関係

優希と幸子の関係は、優希が母親に見捨てられることを恐れて一方的に依存するだけの関係ではなかったという。

黒田氏は、「少年にとって母親は強固な愛着と依存の対象であると同時に、依存され経済的に支えるべき対象でもあった」と指摘した。幸子自身も優希に経済的に頼っていたことを認めており、優希は幸子にとっての「小さな夫」の役割を担っていたと考えられるという。

控訴趣意書などによると、このような関係は、アルコール依存症の患者とその妻の間でよくみられ、「共依存」と呼ばれることがある。妻はアルコール依存症の夫の犠牲者のように一見見えるが、依存症の夫の世話をして立ち直らせることに存在意義を感じ、献身的に金策をしたり酒に酔って夫が起こした不始末の尻ぬぐいをしたり、時にはアルコールを与えたりもする場合がある。こうした行動により、妻は「自分が世話をしている限り、夫は自分から離れていかないだろう」と安心できるため、妻にとっても夫がアルコール依存症であることは都合がいい部分があるとされている。

黒田氏は、「少年と母親の関係は、アルコール依存症の夫とその妻の共依存的関係に似ている部分があった」と指摘した。例えば、優希は幸子と結衣の生活を守るため、親族に嘘をついて多額の金を借りたり、亮の失踪後は勤務する塗装会社の社長から前借りをしたりして幸子に金を渡してきた。優希のこうした行動は、「結果的に母親の浪費を可能にしていた面があり、同時に少年にとっては『母親に必要とされている』という充足感を与えるものであった」と控訴趣意書では述べている。

しかしアルコール依存症の患者とその妻の関係と異なり、優希と幸子の共依存的関係は、乳児期の「見捨てられ不安」を利用した実の母親からの長期間の心理的操作の結果であり、優希にはこれを逃れる方法はなかったため、その責は優希にはない。したがって「被告人が祖父母殺害を思いとどまることは十分できたはずであるとする（一審の）判断は誤りである」と主張した。すなわち、幸子に祖父母を殺害して金銭を奪ってくるよう指示され、「そうしなければ自分は見捨てられる」と優希が察知した場合、殺害を実行することもありうるとした。

立ち直りへの期待

証人尋問の最後、弁護人に「少年が立ち直ることは期待できるか」と問われると、黒田氏は次のように答えた。

「私は明るい展望を持っています。なぜなら、ホームレス生活の時に生まれた妹を献身的に世話していたからです。妹は、自分に暴力をふるう義父の子です。このような場合、仕返しとして隠れて妹に暴力をふるう場合もあるのです。しかし少年は抱っこひもに入れて世話をし、おしめを替え、献身的に育ててきた。自分が虐待されて食べるものもない、そういう状況で、牛乳を盗んでまで、小さい妹の世話をしていたことは、少年に普通以上の心の健康さがあることを示している。それに少年はまだ若いですし、小学校5年以降ほとんど学校にも通っていないのに、辞書を引き、難しい漢字を使って、きちんと相手に伝わるような文章を書くこともできます。その上、これほど過酷な環境に育ったにもかかわらず、自分より小さい、弱いものに対する思いやりを持っている。だからこそ、少年の支援はやりがいがあり、多くの支援者（※「支援者」については、第六章で詳述する）が集まってくれている。適切な支援が提供されれば、発達をやりなおし、立派に社会に適応することが期待できると思います」

被告人質問

証人尋問が終わると、松山弁護士から優希に対する被告人質問が行われ、以下のようなやり取りがなされた。

（弁護士）黒田氏の証言で、母親との関係についての説明をどう思ったか。

（優希）今になって考えると、関係性は歪なところが多い。でも、今の自分は心のどこかで、事件ではなくそれまでのいろいろなことについて、あの時はそうするしかなかったと思ってしまう。おばさんに借金するのも、その時はそうしないと自分たちは生きられなかったと自分を正当化している。

（弁護士）支援者のみんなから手紙が届くとどんな気持ちになるか。

（優希）どうせいつか関係が切れるなら、今壊した方がいいという破壊衝動に駆られる。この人はいつになったら自分（優希）が利用価値がないと分かるのか。自分と関わり損をして何になるのだろうと。優しさをもって慈悲を与える存在から、いつ離れるんだろうと。（支援者への）手紙は、絶対に戻ってこないと思って書いているので、返信がくると意外なものを見るような目でしか見られない。だから、（支援者が）自分（優希）から何か得られているのか、不安になる。

大人に対しては、疑う心しかありません。自分（優希）に対して得なことを差し出してくる時はその後相手にはもっと大きな得があり、そのための小さな損をしているとしか考えられない。だから（支援者も）いつかは離れていくと思う。でも、手紙のやり取りを続けてくれるなら、拒否をする理由はない。

（弁護士）おじいちゃんとおばあちゃんにこういう行為をしたことについては。

（優希）やったことは自分の責任と今でも思う。でもやっぱり心のどこかで正当化しようとしている。母親が言ったからあの時は仕方なかったと。申し訳ないとは、当然思います。

（弁護士）自分は悪くないと思う？

（優希）いや、責任は自分にあるけれど、どこかで正当化することが自分にこびりついている。事件は社会の責任だと言ってくださる方もいますが、そういう風に責任転嫁するのは楽で、別に嫌いじゃないんですが、でも事件を起こしたのは自分ですし、事件を起こしたり貧困に至る数々の分岐点で、何らかの行動が起こせたはずだと思う。

　この間、荷物を整理していたら、(街中で配布されていたのを受け取り、持ち続けていた)自殺防止の電話相談の番号が記されたカードが出てきた。電話していたら何か変わったかもしれない。でもそうしなかったのは、自分の責任と考える。

　それとは逆に、自分は何でもかんでも自分の責任なんだという癖があるみたいで、それが本当に自分自身の本性なのか、自分自身に価値が見いだせなくて、他の人に責任を押しつけるのが嫌だから自分自身でそれを背負って、その人たちのスケープゴートになろうとしているのか、それともただただ責任というものを軽々しく見ているのか、自分自身で判断できないので、自分はどういう気持ちで責任というものを見ているのだろうと、分からなくなるんですけれど、今こうやってしゃべっている自分は、それでも責任は自分自身にあると思っています。

(弁護士)被害者遺族のお気持ちについて、どういうことを考えられるようになったか。

(優希)一つだけ言えるのは、自分の目で確かめたわけではないのに、母親らの話だけで○○さん（被害者遺族）、もしくは○○家全体を悪人と決めつけていた。でも、自分自身でもなんでこんな簡単なことに気づけなかったんだろうと思いますが、弁護士さんらから違う見方を教えてもらって、○○さんがいい人である可能性もあると分かった。それを得られたのは、自分にとって大きいことです。

続いて、裁判長から「あなたがこれから生きていく上で、こういうことを大切にしたいと思うことはありますか」という質問があった。

優希は、「第一に、人との関係性は生きていく上で避けられないので大切です。でも、事件のことだけ考えたら罪の償い。償うって何かは未だに分からないですが、それを忘れることは絶対にしてはいけないと思っています」と答えた。

［判決］

判決公判は、9月4日に開かれた。冒頭で裁判長は、「本件控訴を棄却する」との主文を読み上げ、優希を懲役15年としたさいたま地裁判決を支持した。

一方で、最大の争点となっていた「殺害指示」について、「母親からの殺害指示はなかった」としたさいたま地裁判決を覆し、「殺害指示はあった」と認定した。

地裁判決が「供述の中でも変遷があり信用できない」とした優希の供述についても、「母親の証言の信用性に強い疑念が残る」などとして優希側の主張を認めるなど、弁護側が事実認定の誤りと主張した点は概ね主張の通りに認められた。

しかし、量刑については見直さなかった。

判決の理由

幸子からの「殺害指示」の有無について、地裁判決は「母親は金銭援助を祖父母から継続的に受けており、他に頼れる身内がいなかったことから、祖母まで殺害しようと思ったとは考えられない」などとして「なかった」と認定していた。これに対し高裁判決は、「母親は祖父母を殺害し金品を盗らずに公園に戻ってきた少年に対し、予想外のことが起きた経緯や本当に祖父母が死亡したのかを聞こうともせず、現金の入ったかばんのありかを教えて金品を盗って来るよう指示したのは不自然」などとし、優希側の主張を認めた。

一方で懲役15年の量刑が重すぎるとする弁護側の主張については、地裁判決が母親の殺害指示がなかったことを前提にしているものの「母親の言動が強盗殺人の決意に大きな影響を与えていることを量刑上かなり考慮している」とし、退けた。

さらに、「母親に逆らえない心理傾向になっていたり、母親から殺害指示を受けていたことを相当程度考慮すべき」としつつも、殺害を決意する時に逡巡していたことなどから、一審と同様に「殺害は少年自身の判断」と結論づけた。

上告

二審判決では、量刑こそ軽減されなかったが、「殺害指示」の有無をはじめ、弁護側の主張の多くは認められた。事実認定ではなく判決での憲法違反の有無について主に審理される最高裁への上告について、筆者はなされない可能性が高いのではないかと推測していた。しかし、上告期限間際に弁護側は上告した。

上告を望んだのは優希だったという。

拘置所の優希に手紙で上告について尋ねると、高裁の判決には不満は特になく、「人を殺しておいて刑を減らしたいの？」と自問し、上告についてはぎりぎりまで悩んだと書かれていた。

しかし、次のように考えて上告を決意したと綴られていた。
「前例を作って、後ろにいるかもしれない奴（同じような境遇で追い込まれる子どもたち）を少しでも生きやすくしたいんです。それを『どうせ判決は変わらないし前例なんて作れない』と思って、あるかもしれないわずかな可能性を壊したくありません」

上告棄却

上告棄却の決定が出たのは、翌2016年の6月8日だった。これにより、懲役15年とした一、二審判決が確定し、優希は間もなく東京拘置所から刑務所に移送された。

事件を捜査した埼玉県警は当時、幸子は優希に対し祖父母の殺害を指示した強盗殺人の共犯者とみており、幸子の強盗殺人容疑での逮捕を目指した。しかし殺害現場にいなかった幸子の関与を裏付ける作業は困難を極め、優希と幸子の間だけで交わされた会話も、幸子が否定すれば立証は難しかった。そのため最終的に、幸子を強盗部分のみでの共犯として再逮捕するのが精一杯だった。

最高裁の判断を待つ間に、当時捜査に関わった捜査幹部の一人を訪ねた。当時のことについて尋ねると、「なんとしても幸子を強盗殺人で立件したかったが、駄目だった。とにかくひどい事件で、幸子に道具のように使われていた優希がかわいそうだった。悪いのは幸子だとみていた」と振り返り、無念さをにじませた。

第五章　少年の手記

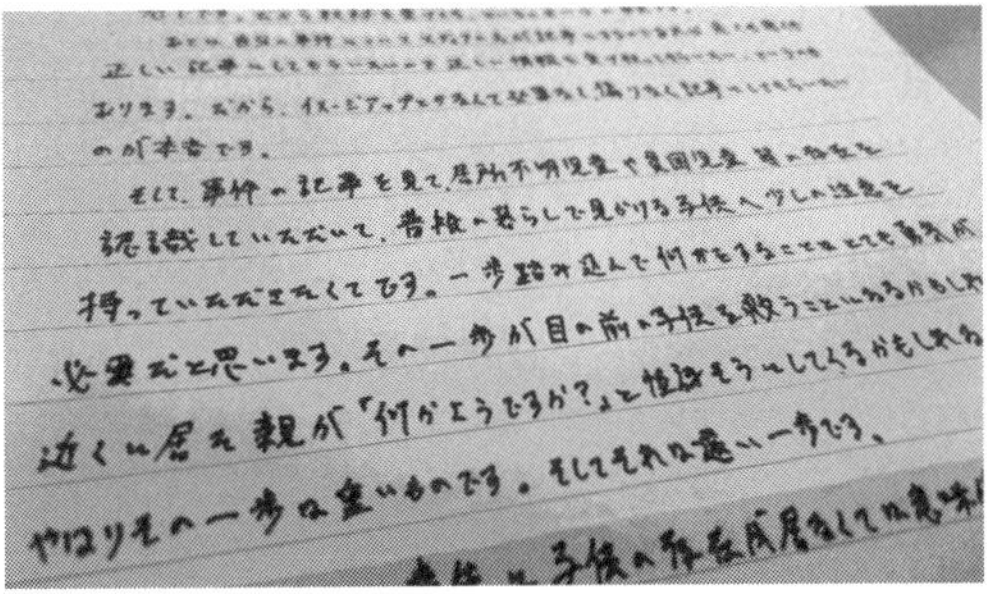
のが本当です。
認識していただいて、普段の暮らしで見かける子供へ少しの注意を
持っていただきたくてです。一歩踏み込んで何かをすることはとても勇気が
必要だと思います。その一歩が目の前の子供を救うことになるかもしれ
近くに居る親が「何かようですか？」と怪訝そうにしてくるかもしれな
やはりその一歩は重いものです。そしてそれは遠い一歩です。

上告してから5カ月ほど経った頃と上告が棄却された直後に、筆者が「今の心境を手記にしてみないか」と拘置所宛てに手紙を出すと、優希から手記が届いた。1つ目は筆者の質問に答える形で、2つ目は、同じような境遇の少年少女と周囲の大人に向けて、書かれている。また、3つ目の手記は、本書出版直前の2017年5月、優希から筆者宛てに届いた手紙の中に、「今の私が想うこと」として記されていた。3つの手記を、優希の了解を得て、ほぼ原文のままで掲載する。

2016年2月　上告の結果を待つ間の手記

〈なぜ取材を受けようと思ったのですか？〉

事件の記事を見て、居所不明児童や貧困児童等の存在を認識していただいて、普通の暮らしで見かける子供へ少しの注意を持っていただきたくてです。一歩踏み込んで何かをすることはとても勇気が必要だと思います。その一歩が目の前の子供を救うことになるかもしれないし、近くに居た親が『何か用ですか？』と怪訝そうにしてくるかもしれない。やはりその一歩は重いものです。そしてそれは遠い一歩です。

ですが、本当に一歩先に子供の存在がなくては意味がありません。

つまり他人、子供への関心、注意を持っていなくては二歩も三歩も子供との距離があります。いや、子供の存在にさえ気付いていないかもしれません。

だから、自分が取材を受ける理由は世の中に居る子供達への関心を一人でも多くの方に持っていただく為の機会作りのようなものです。

犯罪者なんかではない別の居所不明児童等が自分の代わりをしていただければ一番説得力もあるのかな、と思いますが、見つからないから居所不明なんですよね。

〈多くの支援者が集まり、手紙や面会で交流をしていることについてどう思いますか？〉

とても有難いことだとは思います。今まででは有り得なかったような方との出会い等もあります。

でも、やはり怖いです。

人の裏には何があるか分からない、そんな考えで、人と話していても目の前に居る人のことを「この人は誰なのか」と分からなくなる時もあります。そして、そんな自分を変えなくてはいけないのも事実で、その為には今現在繋がりのある方を多少なりとも信用してみたりしなくてはいけません。裏切られ傷付く覚悟をしてです。当然、自分と接触をして来てくださった方も、殺人犯に手紙を出し、面会して直接会ったりもするわけですから複雑な感情はあると思いますし、それがどのようなものなのか自分には想像出来ません。

ですが自分は、笑みも浮かべますし笑い話のようなものもしますが、被害者面しようとは思いません。過去にあったこと、今現在想うことをなるべくオブラートに包んで話します。メディアでは出てない自分の悪い面もちゃんと伝えたりします。

でもそれが相手にとっては不快に感じて失望したりするかもしれません。「虐待を受けていたのが本当ならもっと〝かわいらしい〟ハズ」と思われているかもしれません。他にも面会では声を聞いただけで顔を見ただけで「気持ち悪い」と思われている、と思っています。

別に失望されたり「気持ち悪い」と思われることは慣れているのでそこはいいのですが、それによって生じる「別れ」だけが怖いです。

既に何人かの方と「別れ」のようなものが生じていて、やはり「別れ」に対してセンシティブになっていることを実感しました。

そういうのが嫌で控訴審でも述べたような破壊衝動のようなものに悩みますが、

それによって一番自分がなりたくない、やりたくない、他人を傷付けることをしているのではないか、と不安になります。刃を祖父母に向け殺害しましたが、今は言葉の刃を他人に向けているのではないか、と怖いです。

　誰かに傷付けられることを。誰かを傷付けることを。

　一人ならそんなこと悩まずに済んだのに、と思います。


〈被害者とご遺族に対し、今どのように思いますか？〉

　死んでいい人間なんて一人も居ない、とか、何があったとしても人を殺してはいけない。そんな風に思うような人間では自分はありません。生と死への価値観は本当に人それぞれだと思います。

　そういう意味で、やはり被害者遺族の方々への想いというのがよく分かりません。

　被害者、つまり祖父母については、２０１４年、２０１５年、２０１６年、２０１７年……と、生き続けたかったのだろうか、と思います。

　最近、便利な世の中になったんだろうな、ということを考えます。残念ながら自分はそういうものとは無縁に近かったので何も分かりませんが、ポチポチと調べればなんでも知れて便利な世の中です。自分が出所する約15年後まで、10年以上そういう便利な世の中を何も知らないで生きてるのはもったいないな、と思ったのですが。

　祖母の好きだった演歌歌手と祖母が会うには、調べればスグに出てきて、移動手段も色々あって。祖父の好きだったカメラを祖父が手にするには、簡単に調べて性能の良い物を安価で見つけられる。

　便利な世の中は祖父母にとっても、充実した生活が得られるハズだったのか、と思いました。

　だから、自分、祖母、祖父の為にも事件が起きていなければ、起こさなければよかったのに、と思います。

　だけど、自分、母、妹の歪な繋がりは事件が起きなければ壊すことは不可能だったのではないか、とも思います。もしも何かしらの理由で児童相談所に保護されても今まで通りの考え方で、強制的に引き離されたと考えるでしょう。保護がなかったとしても妹の身はどうなっていたか分かりません。間接的に始めてそのうちに直接的に売春等も始めていたかもしれません。自分はそれを止められたか、あるいは一緒になって始めさせていたか、考えるだけで訳が分からなくなります。

　だから結局、当時の自分がどうするべきだったのか、というのが分かりません。

そして、約15年後には嫌でも自分は発展しているであろう世の中を見る。にもかかわらず祖父母は見たくても見れないのです。それはとても苦痛ですが、恐らくそれが死刑ではなかった犯罪者、もとい殺人を犯した者の背負うモノなのかもしれません。

〈社会に望むことは何ですか？　今後どう生きたいですか？〉

みんながみんな「こんな社会になってくれ」と望むだけで、誰もそうしようと行動しなければ意味がありません。自然現象でそんな社会が手に入れば苦労はしないと思います。

だから、できる範囲で自身の理想の社会と似た行動をしていただければ、と思います。

平等な社会を望むなら普段から平等に物事や人を扱ってください。

差別のない社会を望むなら普段から差別をせず人を見つめてください。

貧困のない社会を望むなら普段からそのような人を見つけたら助けてあげてください。

そうすれば社会全体が理想に近づくのには時間がかかっても、自身の周囲だけは理想の社会になると思います。

それは〝社会〟に限らずのことで、嘘が嫌いならまず自分が嘘を吐かないようにして生きればいいと思います。優しい人を望むなら自分が誰かに優しくしていけばいいと思います。

当然、自分が嘘を吐かないからといって周りの人が嘘を吐かなくなる、自分が優しい人になったからといって周りの人が優しくなる、そんな都合良くはありません。

何故ならそれが当然だからです。

人と人、それぞれに自分自身だけの正義とか価値観があります。

それを承知で行動することが大事なんだと思います。

だから、とりあえず今は、他人を傷付けず裏切らないように自分は生きていこうと思っています。そして、子供達のことも考えていきます。何故なら「世の中捨てたもんじゃないな」と〝子供達〟に想わせたいからです。

それに、〝自分自身〟に対して、も。

２０１６年６月下旬　上告が棄却されたことを受けての手記

居所不明児童とか知ってもらいたいと思う。でも知られたからといって間違いを犯す者が消えるわけではない。それなら間違いを犯した時に一つの道を用意してあげたかった。分かり易い形で。でも、切り開けなかった。

一人でもいいから記事やニュースを見て動いた心が動き続けてほしいです。

（上告棄却が）決定したことで、今後約15年は刑務所の中です。

子供の頃はどうしようもなく流れのままに生きるしかない。そして流れのままに生きていると錯覚さえ起こす。いきなり10階から飛び降りようとするのは恐怖を感じる。でも2階から飛び降り着地できると、「3階からでも大丈夫かも」と思ってしまう。そのループで、気づけば失敗したら即死の階から飛び降りようとしている。そしてそれさえも「別に大丈夫だよ」と感じている。そんな錯覚。でも誰も教えてくれない。危ないから、と。誰も見ていない。

そして私は全治15年のケガを負ったようなモノです。

15年の生活が１００％ムダだとは思わない。

でも、流れのままに生きて錯覚を起こすなんて、どうなのかと思う。

起こしたくもない錯覚をどうすればいいのかと思う。

で、何が言いたいかというと。

自分の人生なんだから自分が歩みたい道を自分のペースで歩みなさい、ということです。

この道を歩きなさいと言われ、もっと早く歩きなさいと言われ、周りの景色も見ずに着いた場所が全治15年なんて、ムダではないといえ馬鹿らしいでしょ。

ご飯が食べたい、寝る場所が欲しい、学校に行きたい、そう思うなら流れに逆らわないと手遅れになりかねない。出来ることならわざと3、4階の場所からケガをしてほしい。

そして、助かる為とはいえケガをさせるのはどうなんだと思うなら、自己申告した少年少女のことはある程度強制力を持って保護してほしいと思う。当然親を想って自ら手をあげない子も居ると思う。そういう子はやはり周りの人間が見つけるしかない。見つけてもらうのを待っていたらやはり手遅れになりかねない。

どうか少年少女も、周りの人間も、自身が起こすべき行動について考えてほしいと思う。

2017年5月下旬　「今の私が想うこと」

本当は死にたくなんかない。でも、もう楽になりたい。
本当は痕なんか作りたくない。でも、こうしないと生きてる実感がない。
本当は売りたくなんかない。でも、そうしないと生きていけない。
本当は罪なんて犯したくない。でも、もうこれしかなかったんだ。
どうか、本当の思いを大事にしてほしい。

第六章　裁判後

支援の動き

２０１４年12月のさいたま地裁公判以降、事件について新聞やテレビなどで報道されると、優希の境遇に衝撃を受け胸を痛めた人々から「少年を支援したい」という申し出が相次いだ。記事を書いた筆者の元にも、読者の方から「自分にも子どもがいるが、自分の子どもだったらと思うと胸が締め付けられる。何か自分にもできることはないか」「自分も幼い頃に母親から虐待を受け、少年の心理状況がよく理解できる」などの手紙や電話が複数あった。

裁判期間中に支援者と優希をつなぐ窓口となったのは、国選弁護人として刑事裁判を担当した松山弁護士と前園弁護士だった。一審後と二審後に計約30人から支援の申し出があったという。

多くは女性で、幼い子どもを持つ母親から年配の人まで年齢層は幅広く、心理職や犯罪を犯した人の社会復帰を支える専門家として支援したいという人が約半数、専門家以外の人が約半数で、現在（２０１７年5月時点）でも、複数の人が優希と手紙のやり取りをしたりして交流を続けているという。

二審後、両弁護士が東京都内で支援者を集めて開いた裁判の報告会には、全国から支援者が10人以上集まり、優希や事件への思いを共有し、今後の支援のあり方についても意見を交わした。

必要な支援

優希には、今後どんな支援が必要なのだろうか。

理化学研究所脳科学総合研究センター（当時）の黒田公美氏は二審・東京高裁での証人尋問で、優希の更生にとって今後必要な支援として次の3つをあげている。

①これまでの自分と母親との関係を振り返って整理すること
②知的な教育と一般教養
③対人関係スキルを学ぶこと

黒田氏によると、①については、優希自身が母親の行動様式と、それによって作られてきた自分と母親との共依存的関係について客観的に理解することが重要であるという。これを理解できれば、どうしたらその関係をやめ、自分の考えで自律的に行動できるようになるのか考えることができるようになる。幸子との相互依存的な関係から脱し、適切な距離を取ることができるようになるためには、心理学に基づくある程度専門的な支援が有効だ。

②の「知的な教育」とは、義務教育を終えていない優希に対し教育と学習環境を提供することだ。優希は支援者から差し入れを受けた辞書を使って漢字や英単語を調べて手紙を書くなど、学ぶ意欲が旺盛だ。義務教育の一般的な知識だけでなく、これまで学ぶ機会を得られずにきた経済観念などの社会常識も学べるようにする支援が必要という。

③の「対人関係スキル」とは、幸子との暮らしの中で混乱した対人関係の築き方について、改めて学んでいく必要があるという。

優希にはこれまでに受けた暴力や性的虐待のために対人恐怖があり、誰かが親切そうに話しかけてきても「お金を巻き上げられるのではないか」「暴力をふるわれるのではないか」と疑ってしまう不信感を植え付けられているという。これを克服しないと、幸子以外の他者と適度な距離を保ちながらも困った時には頼ることができるという普通の対人関係が築けない。

優希は、逮捕前に比べて母親との距離を取れるようになってきたとはいえ、(二審当時)まだ心の奥には「信用できるのは母親だけなのではないか」という思いも払拭できずにいたという（ただし上告審の頃には、かなり母親に対する距離感が安定してきたようだ）。

その根底には、虐待を受けてきた子ども特有の、自己嫌悪や極端な自信のなさがある。愛着対象によって生後早期から理不尽な暴力や無視、罵倒などの心理的虐待を受けると、子どもは愛着対象を嫌うことができないため、自分が悪い、駄目な人間だと考えるようになる。その上母親以外の信頼できる他人との交流を遮断されたために、優希は逮捕されるまで、母親しか信じられない、母親以外の誰も、自分さえも信じることができないという心理的状態に陥っていたという。このような状況のままで優希から幸子を取り上げてしまえば信頼できる人が世界に誰もいないという状況になり、不安に押しつぶされてしまいかねない。

そのような事態に陥ることがないよう、黒田氏は「時間をかけて大人や同世代の信頼できる人々との安定した関係を築き、自分に対する信頼と、母親以外の他者に対する信頼を取り戻すように受容的に支援をすることが必要だ」としている。

優希の支援を申し出ている人たちには、優希のように過酷な境遇で育った子どもをケアする専門家と、専門家ではない一般の人がいる。専門家は専門知識に基づき優希が必要とする支援を効果的に提供できる。また、専門家でない人たちも、自身が子どもの頃に辛い親子関係を経験した体験などを基に優希に共感でき、情緒的な支援が期待できるという。

幅広い年齢層、様々な地域の人が支援者となっていることは、優希の今後にとってとても重要という。

それぞれの「支援」

〈「友人として」　渡辺葉さん〉

大学卒業後に渡米して以来米国で暮らしてきた渡辺さんは、翻訳やエッセイの執筆をし、現在はニューヨークで弁護士として働いている。優希の事件を知ったのは新聞記事でだった。日本にいる渡辺さんの母親が、渡辺さんの関心のありそうな新聞記事の切り抜きを定期的に送ってくれていて、その中に優希の裁判に関する記事もあった。

渡辺さんが大切にしている価値観の一つは「フェア（公平な）」ということだ。金持ちの家に生まれても、貧しい家に生まれても、平等にチャンスが与えられるべきだと考えている。だから、優希の事件が起きた経緯や生い立ちを知り、それが「フェア」とはかけ離れていたことに大きなショックを受けた。

裁判では、法の下で定義された「罪」に対して、個別の事情をすべて考慮して裁くことは限界がある。しかし、法という不可避的に限定が伴う体系の外の部分では、その人がどんな境遇でどんな人生をどんな思いで生きてきたのか、より広い文脈で捉えるべきだと考えている。

新聞記事で事件の背景を知り、祖父母を殺害したという行為について優希は紛れもなく「加害者」だが、育ち方を見れば「被害者」でもあると感じた。

優希に何かしてあげられることはないかと考え、松山弁護士に連絡を取った。その後、優希と手紙のやり取りを始めた。こういう形で事件の被告人を支援した経験はなかったが、「この世に存在してはいけない人なんていないんだよ」「あなたがここにいることはとても大切なことなんだよ」と、どうしても伝えたかった。

優希に初めてカードを送ると、しばらくして返事の手紙が届いた。読む側のことをさほど気にせず手紙を書く人や、初めてやり取りする慣れない人には、無難な言葉や内容にとどめる人は多い。しかし優希の手紙には、初めて文章で言葉を交わす相手に対し、どう表現すれば自分の考えていることが正確に伝わるのかを一生懸命に考えている思考のプロセスがにじんでいるように感じた。

自分の漠然とした考えがどうしたら相手にきちんと伝わるか、読む側の立場から考えられた文章であり、「すごい人だな」と感じた渡辺さんは、「優希の事件」というよりも「優希という人間」に興味を持つようになった。

日々の仕事があり頻繁に手紙を出すことはできないが、優希が「支援される側」で自分が「支える側」としてではなく、友人として関係を築いていきたいと考えている。

渡辺さんが優希と同じ20歳前後だった頃は、まだ分からないことがたくさんあって、フワフワとしていたという。人生とは？　将来どんな仕事をするのだろう？　など分からないことだらけで、これから自分がどうなってしまうのか不安な時期でもあった。

そういう時期に渡辺さんの助けになったのは、少し年上の知人が友人のようにお茶を飲みながら話し相手になってくれた経験だった。その人たちとはたくさんの時間を一緒に過ごしたわけではないが、質的な意味でその後の人生に与えた影響は大きかったという。だから優希とは、今度は自分が年上の友人という立場で、そのような付き合い方がしたいと考えている。これまで過酷な境遇の中を生き延びてきた優希にとって自分とのやり取りが、今現在を生き延びるための「考える種」になればいいと思っている。

先の長い支援だが、不安を感じることはないという。優希を一方的に「支援される側」と位置づけて「守ってあげなくては」と思うことに抵抗を感じる。年齢差や生活環境の違いはあっても、優希は「友人」だと思っている。だからこそ、「守ってあげる」「支援してあげる」ではなく、「相手が困っている時に自分ができることがあれば、する」、友人という心の立ち位置がフェアな関係でいたい、と思う。

優希の支援を通し、同じ思いを共有できる人たちにも出会った。優希のことを考えると、〝conduit〟、「繋げるもの」という意味を持つ英語が頭に浮かぶ。優希には、優希の意志というよりも優希の人となりがそうさせるような、知らない人同士を繋げ何かに導くような力を感じる。優希への手紙でも、「君がどんな人生を歩んでも、君は何かと何かの出会いを繋ぐことができると思うよ」と、感じたことをそのまま伝えた。こういう友人付き合いを、これからも続けていきたいと思っている。

〈「外側から自分にできる支援を」　村山英子さん〉

都内に住む村山英子さん（仮名）は、若い頃から自分で事業を営み、現在は仕事の傍ら自宅で趣味の料理講座などを開き、参加者たちに手軽に作れて栄養バランスが良く、見た目にも美しい料理の作り方を伝授している。

もともと児童虐待などの社会問題に興味がないわけではないが、近年報道される虐待事件は耳を疑うような残酷で悲惨なものが多く心が痛むため、新聞を読んでも虐待の記事はできるだけ見ないようにしていたという。

そんな中で優希の事件の記事を読んだのは、偶然だった。2014年12月の一審・さいたま地裁判決の後、新聞を開くと四角い線で囲まれた目立つ記事が目に入った。何気なく読み始めると、優希の過酷な生い立ちが綴られており、母親でありながら優希を事件に追い込んだ幸子に対し怒りを感じ、「この子はこんな状況でよく生き延びてきたな」と胸が締め付けられた。記事の最後に、懲役15年の判決を受けた優希が弁護人に託した「自分のような子どもをこれ以上生み出してはいけない」という内容のコメントがあり、思わず涙がこぼれた。

祖父母を殺害してしまったからには親戚からの支援も期待できないかもしれない。この子に何かしてあげられないだろうか。漠然とそう考えていた時、テレビを見ていると、優希の弁護人の松山弁護士が地裁判決後に記者会見した時の映像が流れていた。とっさに名前をメモし、インターネットで検索して所属事務所を調べて電話を掛けた。そして、松山弁護士を通し、拘置所の優希に「ほしい物を買って」と5000円を送った。

しばらくして、優希から几帳面な文字で「ありがとうございました。使わせてもらいます」などと書かれたお礼の手紙が届いた。

松山弁護士らに勧められ、当時東京拘置所にいた優希に面会に行ったことがある。これまでに被告の支援に関わったことはなく、拘置所がどこにあるのかも知らなかった。まして、事件の被告と面会した経験などなかった。実際に足を運ぶまでにしばらく躊躇したが、思い切って一度行ってみることにした。

最寄り駅から迷いながらも東京拘置所にたどり着くと、その大きさと威圧感に圧倒された。初めての面会手続きに少し手間取りながらも受付を済ませたが、虐待の傷を負いながら事件に追い込まれていった優希の心を思うと、専門家でもない自分が何を話していいのか分からなかった。やがて受付番号が呼ばれ、長い廊下を歩いてエレベーターで上階に上り、指定された面会室に入った。

緊張しながら透明のアクリル板を挟んで優希と向かい合い、「今日は直接会いに来たよ」と挨拶をした。自分には2歳と7歳になる孫がいて優希のことが人ごととは思えず心配であることなどを伝え、15分間の面会を終えた。帰り際、拘置所内の差し入れ窓口で、5000円を差し入れた。

面会を終え、やはり優希のように過酷な境遇で虐待を受けて育った少年の心を、心の専門家でもない自分が直接関わったからといってケアできる自信はなかった。心のケアは専門家に任せた方がよいと思え、それ以来、面会や手紙のやり取りはしていない。それでも自分にできる支援は何かと考えると、優希が拘置所で必要なものを買ったり将来に役立てたりするための多少の金銭支援だろうと思い至った。

どうやって支援金を捻出するかを考えた時、「月に1000円くらいずつならば優希のためにお金を貯めるのは苦にならない」と思えた。最寄り駅から自宅まではタクシーだとワンメーターの距離だが、普段は疲れて帰宅する時にはついタクシーに乗ってしまっていた。支援のために金を貯めると決めてからは、月に何度かはタクシーをやめ、その分を優希のために貯金した。ランチにアイスクリームを付けるのを我慢して300円を貯蓄に回したりもした。「自分のためならばなかなか続けられないが、優希のためだと思うとストレスもなく、小銭が貯まっていくのを楽しみながら続けることができた」

優希の裁判の経緯を見ていて、優希に対する刑罰を重くするよりも、虐待による心の傷の治療が必要ではないかと、もどかしく感じた。刑罰ばかり重くして再犯者が減らないのでは、税金の無駄遣いではないかと思う。素人目にも、なぜそうした対応が取られないのか不思議でならない。

一度面会に行ったきりの自分を、優希はもう忘れているかもしれないし、「あの人は何だったんだろう」と思われているかもしれない。でも、それでもいいと思っている。自分は直接ではなく外側から、自分にできる範囲の支援を続けていけたらいいと思っている。

「反省」

自らが犯した2人の命を奪うという大きな罪に、優希はどのように向き合っているのか。

一審公判の最後に裁判長から「この事件、誰が悪いんだ?」と問われ、優希は「自分。母親への気持ちの持ち方をちゃんとしていれば、誰かにお金を借りに行くことも止められたはず」と答えている。

また、二審公判で弁護士から「被害者遺族のお気持ちについて、どういうことを考えられるようになったか」と聞かれ、「自分の目で確かめたわけではないのに、母親らの話だけで○○さん（被害者遺族）、もしくは○○家全体を悪人と決めつけていた。でも、自分自身でもなんでこんな簡単なことに気づけなかったんだろうと思いますが、弁護士さんらから違う見方を教えてもらって、○○さんがいい人である可能性もあると分かった。それを得られたのは、自分にとって大きいことです」、裁判長の質問に対して「償うって何かは未だに分からないですが、それを忘れることは絶対にしてはいけないと思っています」と答えている。判決でも、反省の兆しがあることが認められた。

当時優希は、幸子によって他者との交流が極端に制限され、幸子から聞かされる他者の「悪口」をすべて信じるようにコントロールされていた。しかし、拘置所での松山弁護士らとの面会で、「ご遺族が悪い人というのは、すべて母親から聞いた話だけが前提だね」と指摘され、初めて自分がこれまで信じ切ってきたことの根拠がとても偏った信頼性の低い情報だったことに気づいたようだ。

一方で、裁判期間中に遺族に対する手紙を何度か書いたものの、「謝罪の気持ちが伝わるようなものではない」という理由で、弁護士の判断で遺族には届けられなかった。

優希は第五章の手記の中で被害者への思いについて、便利な世の中では、祖母が好きだった演歌歌手に会う方法もすぐ分かり、祖父が好きだったカメラも簡単に見つけられることから、「便利な世の中は祖父母にとっても、充実した生活が得られるハズだった」と結論付けている。このように、様々な可能性を頭で考えて検討することはできても、遺族の気持ちになってその辛さや苦しみを想像することまではできていなかったようだ。

裁判で優希は、口先だけの心にもない反省を語らなかった。筆者への手紙でも「刑を軽くしたいとは思っていない」と書いており、心にもないことを言いたくないという潔癖なまでの、強いこだわりが感じられた。それは、これまで親戚や会社の社長らから金を借りるために嘘で塗り固められた言葉を吐かされ続けてきた過去に対し、「もう嘘はつきたくない」という反動なのかもしれない。

黒田氏によると、優希は泣いている結衣の辛い気持ちが分かり、優しく世話をするなど、目の前にいる人の気持ちを理解して共感する、基本的な共感能力は高い。しかし、目の前にいない人や会ったことのない人の気持ちや意図をうまく推測する「認知的共感性」はまだ十分に育っていないという。

認知的共感性とは、他者がどのような状況でどう感じるか、またどのような意図でどのように行動するかを、その他者が目の前にいない時でも正しく推定する能力であり、成熟した対人関係を構築する上で必要だ。認知的共感性は、子どもが安定した愛着関係を、社会適応の良い大人との間に築き、その関係をベースに、世の中の他者の気持ちや行動について理解する経験によって次第に育まれるという。

しかし、優希にはそのような自然な人間関係を学習する機会が極端に不足していた。もっとも長時間生活を共にした母親のパーソナリティは一般の母親とかなり異なっていた上、その信頼関係は、ネグレクトなどのために不安定だった。実父とは一緒に子猫の世話をした経験などもあるようだが、幼い時から離れて暮らしていた。さらに小学校にもあまり通うことができず、代わりにパチンコ店の店員や幸子の友人であるホストクラブ関係の仲間とばかり過ごすなど、偏った人間関係しか経験してこなかった優希には、年齢相応の認知的共感性を獲得する機会が著しく不足していた。そしてこの認知的共感性が不足していると、亡くなった祖父母の他の親族の気持ちを自分のことのように想像することがうまくできず、結果的に深い反省の念に到達するのが難しくなるという。

しかし、黒田氏によるとこの認知的共感性の不足は優希のもともとの能力のせいではなく、偏った生育環境のためで、野宿生活の中で虐待を受けながらも懸命に結衣の世話をしてきた優希は、適切な支援を受け、時間をかければ人の痛みを理解し本当の意味での「反省」ができる可能性は十分にあるという。

長い服役生活で、その作業に向き合うことになる。

同じ境遇の子どもたちを助けたい

２０１５年９月の高裁判決から４日後の９月８日、東京拘置所にいる優希に面会した。上告するかどうかをまだ決めていない時期だった。

高裁の判決は、懲役15年としたさいたま地裁判決を支持するものだったが、優希は「母親の（殺害を指示していないという）嘘が認められるのだけは嫌だったけれど、殺害指示があったと認められたので、自分としては満足している」と、いつもと変わらない穏やかな口調で語った。

筆者が今後も取材を続けたいと思っていることを伝えると、「自分の事件について報道されることで、同じような境遇の子どもたちに目を向けてもらえたらいい」と話し出した。

優希が横浜で野宿生活をしていた頃、路上にいるとすれ違う人たちからの痛々しいものを見るような、冷たい視線を感じることがあったという。一方で、ボストンバッグを持って路上をさまよう、自分と似た表情をした子どもに会うこともあったという。

優希は、「自分の事件が報道されることで、そういう子どもを見かけた時に『もしかしたらあの事件のような背景があるのかもしれない』と想像し、気にかける人が出てきてほしい。それでも実際に助ける人はほとんどいないと思うけれど、まずは気にかけてもらうことが第一歩だと思うから」と続けた。

さらに、2016年2月に寄せた手記には、今後どのように生きていきたいかについて「他人を傷付けず裏切らないように生きていきたい」という思いに加え、似たような境遇の子どもたちのことも考えていきたいとして、「何故なら『世の中捨てたもんじゃないな』と、〝子供達〟に想わせたいからです。それに、〝自分自身〟に対して、も」と綴った。

この文章を読んで、唯一頼りになるはずの幸子から虐待され、周囲の大人や公的機関からも助けてもらうことができなかった優希から、「世の中捨てたもんじゃない」という言葉が出たことに少し驚きを覚えた。しかも、他者にそう思わせてあげたいというのだ。優希自身がそんな体験をしたことが、果たしてあったのだろうか。

この疑問に対し、優希は筆者とやり取りした手紙の中で以下のように記している。

「（例えば）『世の中は平等じゃない、差別しかない』と思うからこそ、人は理想の社会に向けて行動するのだと思います。渇望しているからこそ、その行動をするのだと思います」

つまり、優希自身は「世の中捨てたもんじゃない」と思える経験をしたことはないが、そう思える社会を渇望しているからこそ、そういう社会になるよう行動したいということのようだ。

性別違和

弁護側の上告が棄却されて刑が確定した後、優希は男性刑務所で服役している。そこで、性別に関する悩みを抱えながら生活している。

優希によると、優希は肉体的には男性だが、そのことに違和感や不快感があり、心理的な性別である女性として日常生活を送りたいと望んでいるという。現段階（2017年5月）では確定的な診断を受けるには至っていないものの、性同一性障害である可能性があり、そのことで本人が苦しみを抱えている。

男性刑務所には、当然ながら男性の受刑者しかいない。亮や幸子から性的虐待を受けたこともあるという優希は、大人の男性に強い恐怖感があり、裁判でも「裁判所に来る時に、車内で両脇に男性刑務官がいるだけでも怖くてたまらない」と証言していた。集団生活が基本である刑務所での日々は、優希にとって恐怖の連続であり、強いストレスになっているようだ。

優希が初めて自分の性別に疑問を抱いたのは、小学校に入学して間もない頃に、女子児童から「男のくせにセーラームーンが好きなの?」と聞かれたことだった。その後、中学生になりフリースクールに行っていた頃に女性として生きる性同一性障害の人の話を聞く機会があり、「もしかして自分も……」と、はっきりと意識するようになった。しかし、衣食住に困り毎日がサバイバルだった暮らしの中で、「面倒な問題を持ち込みたくない」と、その悩みを幸子をはじめ他者に打ち明けることはせず、押し隠してきたという。

その間、優希は埼玉のモーテルに2年近く滞在した際に幸子と亮と一つのベッドで寝かされ、2人の性行為を間近で見せられたり、亮から口に性器を押し込まれそうになったりするなどの性的虐待を受けたという。

横浜の公園で野宿していた時には、公園で眠ったり水飲み場の水道で髪の毛を洗ったりすることに抵抗を感じながらも、「もし自分が女性の体を持って生まれてきたら、売春させられたのかな」とも考え、男性の体であることを嫌悪しながら、感謝しなくてはならない状況が苦しかったという。それからしばらくして、公園で亮に顔を殴られ前歯を折られた時、「こんな姿じゃ、女性らしさのかけらもない。これを機に男を演じて生きていこう」と自分に言い聞かせた。

当時優希が自分は女性であると感じていたならば、野宿をさせられたり、殴られて折れた歯を治療してもらえなかったり、性的虐待を受けたりした体験の一つ一つに、もう一つの苦しみの側面が見えてくる。

男を演じて生きると決めていた優希の中で蓋をしたはずの感情は、逮捕されてそれまでの生活が強制的に終了すると、再びあふれ出したのかもしれない。

一般的に、刑務所での処遇で性同一性障害への配慮を求めた場合、医師の診断を受けていることが重視されるようだ。優希は逮捕前に性同一性障害で病院に行ったり診断を受けたりする機会はなかった。

長く続いた虐待の精神的な後遺症を抱えた優希は今、「反省」とは何かと罪の償いについて自問しながら、あふれ出した性別違和に関する複雑で深刻な悩みにも直面している。

妹の夢

「今もまだ、夢や思考に妹が出てきても、常に妹は泣いてて、抱き締めたいのに、『ごめんね』って言いたいのに、触れることもできなくて、声も出なくて、そんな状態が続いています」（優希の手記より）

優希は、13歳離れた妹の結衣を、まるで母親のように献身的に世話して育ててきた。関係者によると、結衣も兄の優希を慕っていたという。しかし、優希は現在（2017年5月）も、結衣に対する激しい罪悪感に苦しんでいるという。

優希の手記によると、事件直前まで勤務していた塗装会社の寮で暮らしていた頃、結衣が言うことを聞かなかったり言葉遣いが悪かったりすると、優希は幸子の指示で結衣を暗いトイレに閉じ込めようとしたり、お尻を蹴ったりしたことがあったという。

結衣が自分の気に入らないことをすると、幸子は「しつけ」と称し、優希に対し「なあ、こいつトイレに閉じ込めろ」「蹴り。ケツね」などと命じた。黙って目で合図を送ってくることもあった。それらは、優希自身も幼い頃に幸子からされてきたことだった。

優希は「どうして、自分がされて嫌だったことを（結衣に対して）しなくちゃいけないんだろう」と思ったが、「（結衣が）言うことを聞かないのが悪いんだ」と自分に言い聞かせ、お尻を蹴る時にはできるだけ結衣が痛くないように加減をしつつも幸子の指示に従った。結衣は、怒って口答えしてくることもあれば、「にいに〜！」と言いながら泣くこともあったという。

結衣が泣くと、幸子は多くの場合、「やりすぎ」「そこまでやんなくたっていいじゃんねぇ」と優希をとがめ、結衣を抱き寄せたという。

幸子の指示に従ってやったのに、いつの間にか優希一人だけが「加害者」にされていた。手加減をしていたため結衣がけがをするようなことはなかったが、優希は激しい自己嫌悪感を抱くと同時に、結衣だけでなく幸子に対する強い罪悪感にも襲われた。罪悪感を植え付けられ、他人には言えない秘密を共有することによって、ますます幸子に逆らえなくなっていったようだ。

優希は逮捕によって幸子から離れたのを機に、心理学の知識を得るなどして自分と幸子の関係を客観的に分析できるようになりつつある。優希は今、密室で繰り返されたこれらの出来事について、幸子は「罪悪感」や「共犯関係」という要素を巧みに使うことによって、自分との歪んだつながりをより強固なものにしていたのではないかと分析している。

しかし頭で客観的に理解ができたとしても、本当は守ってあげたかった結衣に対しひどいことをしてしまったという罪悪感は、今も優希を苦しめ続けているようだ。

事件前から優希は、このままでは結衣はいつか金を得るために売春をさせられるのではないか、という怖れを感じ続けてきた。そんな優希にとって、今ももっとも気がかりなのは結衣の今後なのではないだろうか。遠くない時期に刑期を終えて出所するであろう幸子が、もし再び結衣と一緒に暮らすことになれば、結衣は一体どうなってしまうのか。

長年過酷な環境での生活を強いられてきた優希は、結衣のことに限らず、様々な精神的な後遺症を抱えているようだ。優希によると、事件前から既に過呼吸やフラッシュバックなどの症状が出ており、刑務所に収容された今も、その「無限ループ」が続いているという。

第七章　事件が映し出したもの

届かなかった善意

この事件の関係者への取材を始める前、優希が事件に至る前に大人や社会から救いの手が差し伸べられなかった理由を、もっと単純なものだと想像していた。分かりやすい「悪」があるのだと思っていたのだ。例えば児童相談所の対応の不手際、あるいは周囲の人の冷たく無関心な態度、などだ。しかし、実際に取材をしてみると、そんなに単純な構図ではなかった。

児童相談所については、一家が横浜で保護された時に両親が一時保護を拒否したとはいえ、優希を学校に通わせておらず一家で野宿生活をしていた実態があったにもかかわらず、強制的な一時保護に踏み切らなかったことには疑問が残る。一方で、区役所の保護担当と児相は、一家に生活保護を受給させて住まいを提供し、優希の学籍復活と結衣の就籍、家庭訪問など、継続的な支援を行っていた。

公的機関以外に優希と関わった人たちはどうか。例えば、一家が2年間暮らしていたモーテルの従業員や横浜の簡易宿泊所の従業員などは、優希の不遇を気にかけ、「かわいそうだった」と鮮明に記憶していた。無関心どころか、優希が学校に通っていないことや子どもなのに結衣の世話をさせられていることに同情し「何かしてあげたかった」とさえ証言している。

　これらの人々について、取材した当時は彼らが「無関心」ではなかったことに驚き、そこに「善意」が存在していたことに少しほっとしたところがあった。当時筆者は、これらの取材結果について、優希への手紙の中でまるでそのことが「救い」ででもあるかのように「多くの人があなたのことを気にかけ、鮮明に記憶していましたよ」と伝えた。優希からの返信には、「自分は影が薄く、みんな覚えていないだろうと思っていたので驚きました」と書いてあった。

　冷や水を浴びせられたような気がした。つまり、どんなに多くの人が優希を気にかけ「かわいそう」と思っていたとしても、優希には周囲がそう思っていることは一切伝わってはおらず、実際に優希がそのことによって救われることはなかったのだ。優希の側から見れば、周囲の人は自分に無関心であり、面倒な思いまでして自分を助けてくれる存在とは考えられなかったのだろう。

　親からは虐待され周囲は無関心。優希の主観からしたら、どんなに絶望的な気持ちになったことだろうか。一審後に拘置所で初めて優希と面会をした時、誰に一番助けてほしかったかと質問したことがあった。優希は「誰かに助けてもらいたいと思ったことはなかった。毎日をどう生きていくか、目の前のことだけ考えるので精一杯だった。自分が母と妹の生活を何とかしなければと必死だった」と言った。

幸子から「お金がなくて生活が苦しいのはお前のせい。お前が何とかしろ」と責め立てられる中で、優希は本当に自分が悪いのだと錯覚していき、誰にも助けを求めることなく、事件に追い込まれていった。考えてみればそんな状況で、優希の境遇に同情していた周囲の「善意」が優希に伝わるはずはない。

どんなに同情したり心を痛めたりしても、行動を伴わない「善意」には現実を変える力はなかったのだ。

筆者自身、取材を始めた当初は、周囲の「善意」が存在したことに安堵し、この社会もまだ捨てたものではないのではないかとすら感じた。しかし、それは筆者自身も「善意」はあるが行動には移さない、移せない側にいることへの言い訳なのだと、取材を進めるうちに思うようになった。

筆者が取材で話を聞いた人たちは、モーテルや簡易宿泊所の運営など自分に与えられた職務の遂行に勤勉で、その傍らで優希のことを気にかけていた。非難されるような行動は決して取っていないが、自戒の意味も込めてあえて厳しい書き方をすると、もう一歩踏み込んだ対応をすれば何かが変わったのかもしれない。

国民性でもあるのだろうか、善意を行動で示すのが苦手だ。例えば、電車の中で高齢者などに席を譲りたいと思っていたとしても、拒否されたらどうしよう、他の人が譲るかもしれない、などと考えたりして躊躇してしまう。ホームや路上で白杖の人を見かけて気にかけながらも、声を掛けそびれてしまう。もちろん、疲れていて面倒なことに関わりたくない時もある。その都度自分の中で言い訳を見つけ、自分を納得させている人もいるのではないだろうか。筆者自身、そういう経験が何度もある。

しかし、この事件を教訓にするならば、優希を助けられなかった原因を公的機関の対応の間違いだけに帰結させ、一方的に批判して終わるべきではないと思う。私たち一人一人が子どもたちを守るという社会での自分の責任を自覚し、行動に移す努力をしなければ、同じような事件を防ぐことはできない。

優希は手記で、街で見かける貧困児童や居所不明児童に関心を持ってほしいと願い、「一歩踏み込んで何かをすることはとても勇気が必要だと思います。（中略）やはりその一歩は重いものです」と書いている。結果的に過酷な状況から救われなかった優希のこの言葉を、人ごとではなく自分の問題としてしっかりと受け止めなければならないと思う。

学校や地域に居場所をなくした子どもたちが大人に助けを求めることなく、事件に巻き込まれたり、事件を起こしたりするケースが目立つ。事件の背景には、優希の事件同様に子どもたちが大人に助けられた経験もなく、大人を信用していないということがあるように思う。

優希の事件は、子どもたちにとって大人や社会は信ずるに足る存在なのか、ひいてはこの社会に生きる意味や価値はあるのかと、問いかけているように感じる。公的機関はもちろんだが、この社会で生きる大人一人一人の責任が問われている。

困難を抱える子どもと性別違和

筆者は、優希との手紙のやり取りの中で、優希が性同一性障害の悩みを抱えてきたことを知った。突然の告白に少し驚いたが、レズビアン（女性同性愛者）、ゲイ（男性同性愛者）、バイセクシュアル（両性愛者）、トランスジェンダー（性同一性障害者など心と体の性が異なる人）といった性的少数者（LGBT）は、13人に1人の割合でいると言われている。その割合からすれば、驚くことではないのだ。

ただ、優希は亮などから性的虐待を受けた体験がある。そうした過酷な体験が、優希に性に対する嫌悪感と男性への恐怖心を植え付け、性自認にまで影響を与えている可能性はないのだろうか。

専門家によると、思春期の性自認はその後変化する可能性もあり、性同一性障害の診断は慎重になされるようだ。優希自身は性同一性障害の診断を受ける機会がないまま刑務所での服役生活に入った。自分は性同一性障害なのか、それとも性的虐待を受けたことが性自認に影響を与えただけなのか。そのことについて自問も繰り返したという。しかし、優希には性的虐待を受けるよりも前の小学生時代から性別に違和を感じていた経験があり、「自分は女性である」という確信に近い実感があるという。

確定的な診断は受けていないが、優希が過酷な生活の中で性別違和に関する苦しみを抱えてきたことは事実だ。児童公園で野宿生活をしていた当時の苦しみについて「中学生の女の子が（公園の水飲み場の）水道で髪を洗おうとしている姿を想像してもらえれば（理解しやすい）」という手紙の記述に、はっとさせられた。野宿という、それだけでも過酷な体験には、周囲からは見えないけれど、本人にとっては耐え難い苦しみが存在していたことを知った。

ここで注意したいのは、優希が性同一性障害であることが、事件と直接関係があると言っているわけでは決してないことだ。事件と性別違和を安易に結びつけることは大きな誤解につながり、性的少数者をより苦しめることになってしまう。

ここで言いたいことはそういうことではなく、貧困や虐待など優希を精神的に追い込んでいった複数のストレスの中の一つに、性別違和のストレスがあったということだ。

取材を通し見えてきたことは、貧困や虐待の困難を生きる子どもたちの中には、優希のように人知れず性別に関する苦しみを抱えている子がいる可能性が少なからずあるということだ。性的少数者への理解が進みつつある昨今、困難を生きる子どもたちのこうした見えない苦しみにも目を向け、ケアをしていく必要がある。

第八章　貧困・虐待と少年犯罪

若者の貧困問題や居場所作りに取り組むさいたま市のＮＰＯ法人・さいたまユースサポートネットの青砥恭代表理事は、近年の少年犯罪の特徴として「貧困や虐待が背景にあり、社会的に孤立した少年たちのコミュニティで起きているケースが目立つ」と指摘する。「子どもの６人に１人が（相対的）貧困」とされる近年、少年犯罪の背景も一昔前から変化している。

少年院の入院者には過去に虐待を受けてきた少年少女が少なくない。優希と同様に、罪を犯さなければ福祉の対象となるような支援の必要な子どもたちが、少年院や刑務所に多く収容されているのだ。

貧困の高齢受刑者が出所しても食べていくことができず、万引きなどの軽微な犯罪を繰り返して衣食住に困らない刑務所に舞い戻る「刑務所の福祉施設化」がしばらく前から指摘されている。

高齢者に起きている現象は、同じく弱い立場の子どもたちにも起きているといえる。貧困や虐待を背景に持つ、本来ケアが必要な子どもたちが社会に居場所がなくて逸脱し、セーフティネットからもこぼれ落ちて少年院などに収容される「少年院・少年刑務所の福祉施設化」ともいえる状況が深刻だ。

優希の場合、逮捕されたことで幸子と物理的に分断され、初めて貧困と虐待の終わりのないループから外れることができたという側面がある。本来こうした少年を救うはずの社会のセーフティネットは機能せず、最終的に刑務所がセーフティネットのような役割を果たしてしまうという皮肉な結果だった。

優希のように「居所不明児童」となった子どもたちをどうやって助け出すのか、虐待をする親の側の問題をどう解決すべきかなど、多くの課題がある。

この事件が映し出した社会問題や、社会に投げかけた課題についてまとめた連載を、「貧困・虐待と少年犯罪～川口事件の課題」と題して毎日新聞埼玉版に掲載した（2016年3月1日～3日付）。課題の概観に役立つと考え、章後半の識者へのインタビュー内容と重複する部分もあるが、あえてそのまま転載させていただく（※年齢・肩書きは掲載当時）。

《居所不明児　把握難しく》（連載1回目）

川口市で2014年に老夫婦が殺害された事件から間もなく2年。発生から約2カ月後に強盗殺人容疑などで逮捕された当時17歳の孫の少年（19）は、親の虐待を受けながら野宿生活を強いられ、周囲の支援も届かないまま事件に追い込まれていったとみられる。「居所不明児」の悲劇を再び生まないために、社会は何ができるのか。取材を踏まえて考えた。

記者が1月中旬、東京拘置所に少年を訪ねた際、少年は肩まで伸ばした長い髪に黒いジャケットと黒いTシャツ姿で面会室に現れた。礼儀正しく頭を下げ、終始穏やかな口調で最高裁の判断を待つ気持ちを語った。

◇　◇

少年は「居所不明児」だった。母親と、血のつながりのない父親は、少年と幼い妹を連れて各地を転々としていたが、住民票を移さないことが多く、行政は存在を把握できなかった。

少年は小学5年の時、さいたま市から静岡県西伊豆町に転居した。住み込みで働き始めた母親らと旅館で生活し、数カ月は学校にも通った。しかし、母親らの仕事は長続きせず、一家は西伊豆町に住民登録をしたまままさいたま市に戻った。

さいたま市ではラブホテルで暮らした。その後は横浜市に移ったが、生活費が尽きて公園で野宿生活を始めた。当時、少年は中学2年。横浜市中央児童相談所は公園で生活する子どもがいるとの情報を得て一家に接触した。

その際、児相職員が少年と生後半年の妹の一時保護を申し出たが、母親がかたくなに拒否したため、断念していた。一家は住民票を西伊豆町から移し、同市中区内の簡易宿泊所で生活するようになった。生活保護の受給を始めたが、約半年後、区が保護費をパチンコ代やゲームセンター代に使っていた母親を注意すると、一家は夜逃げするように姿を消した。

しばらくして児相職員は一家が横浜市内の会社の寮にいることを知って面会した。しかし、一家は再び住民票を移さないまま姿を消した。児相関係者は「親が支援を望まず、いついなくなるか予測できないケースで子どもの居所を突き止めるのは現状では非常に難しい」と振り返る。

網の目をくぐるように姿を消す子どもを救う手立てはあるのか。

子どもの貧困問題に詳しいNPO法人・さいたまユースサポートネット（さいたま市浦和区）の青砥恭代表理事は、全国の関係機関が横断的に利用できるデータベースの構築を提言する。

データベースにはまず、市町村が乳幼児健診時に虐待リスクが高いと感じた子どもを登録し、保育所や学校、児童相談所、保健所なども登録・閲覧できるようにする。実現できれば、自治体をまたいで居所不明となった子どもの追跡が可能になるという。

青砥さんは「(事件が起きた)後から児相や学校の対応を『甘かった』と批判するのは簡単だが、(居所不明児に)接触した際に過去を把握できれば、一歩踏み込んだ、より適切な対応ができるはずだ」と指摘している。

《居場所見つけられず逸脱》(連載2回目)

川口市祖父母強盗殺人事件の1、2審で、弁護側は被告の少年(19)について「母親に心理的にコントロールされ、(殺害指示に)逆らえない状況に追い込まれていた」などと主張し、ネグレクトを含む虐待の影響を強調した。最高裁にも、刑務所に収容する「刑事処分」ではなく、精神面の治療や〝育て直し〟をする医療少年院に入院させる「保護処分」を求めている。

少年が金を奪う目的で2人の命を奪った罪は言うまでもなく、極めて重い。一方で、さいたまユースサポートネットの青砥恭代表理事は、近年の少年犯罪の特徴として「貧困や虐待が背景にあり、社会的に孤立した少年たちのコミュニティーで起きているケースが目立つ」と指摘する。

こうした例として青砥さんは、昨年(2015年)川崎市で中学1年の男子生徒がカッターナイフで切り付けられて死亡した事件や、2013年に広島県呉市の山中で16歳の少女が殺害された事件で逮捕された少年・少女の例を挙げる。

少年矯正の現場に詳しい行政関係者は「統計はないが、実感として、少年院の入院者で過去に何らかの虐待を受けた少年は決して少なくない」と語り、「以前は暴走族などの『反社会的』傾向が多かったが、最近は恵まれない家庭環境や障害などで学校や地域に居場所がなく、社会に適応できずに逸脱する『非社会的』傾向の少年が増えている」と分析する。

こうした少年に対し少年院は、「生きづらさ」を軽減するための育て直しに力を入れている。親と築けなかった基本的な信頼関係を教官との間で築き直し、自尊感情を高めることを目指す。しかし、少年が前向きな気持ちで少年院から社会復帰しても、戻った家庭の環境が変わっていなければ教育効果がリセットされてしまうこともあり、再犯のリスクも高まる。

川口事件の被告の少年は、逮捕を機に初めて母親と物理的に離れた。最高裁の判断を待つ今は、弁護人らから差し入れられる心理学の本などを読んで自身の心を客観的に見つめ、支援者と文通や面会をするなど、これまで母親に妨げられてきた家族以外の人との交流もするようになった。

一方で、強盗罪などで服役中の母親からも手紙が届くという。少年は、記者への手紙で「母のことはなるべく考えないようにしている。そうでないと、母の言葉をすべて良く捉えようとしてしまう」と書いたことがある。2審の公判で弁護側証人として証言した脳科学の研究者は「少年が社会に出た後、再び母親との間で元の関係が再現されないよう、親自身の問題を解決するための支援を行うべきだ」と訴える。

これに対し、少年矯正の現場に詳しい行政関係者は「再犯防止のための親への介入の必要性は誰もが認めているが、親自身が支援を求めない場合に強制的に介入できる法的根拠はなく、現実的には非常に難しい」と実情を吐露した上で「育て直しには長期の時間が必要で、少年院だけで完結するのは不可能。虐待や貧困は福祉の領域でもあり、矯正機関と福祉行政、地域が一体となって取り組むべき課題だ」と指摘している。

《存在しても機能せぬ家族》（連載3回目）

川口市祖父母強盗殺人事件の公判で、孫の少年（19）が義務教育を受けられないまま野宿生活をしていたことなど過酷な境遇が報道されると、インターネット上などで多くの反響があった。「今の日本にこんな境遇の子どもがいるなんて」と驚く声がみられた一方、「人ごととは思えない」「明日は我が身かもしれない」など、身近でも起こりうるととらえた反応もあった。

「少年のように家がなく野宿するケースは極めてまれだが、近い状況は想像できる。過去に保健室で関わった子たちで、今の生活状態が気になる子は何人もいる」。埼玉県内の中学校で39年間、養護教諭を務めてきた金子由美子さんは、川口事件の少年のような貧困や虐待の中で生きる子どもは少なくないと指摘する。

母子家庭の母が精神疾患で面倒をみなければならず、夜も眠れず学校に来られない▽共働きの両親の代わりに弟や妹の子守をさせられ、学校に来られない▽母親が交際男性を家に連れてくるので自宅に帰れない――。金子さんは、住む家はあっても家族が機能しないために安全ではない子どもたちを「家庭内ホームレス」と呼ぶ。保健室の洗面所で洗髪したり、たらいで体を洗ったりする子もいたという。

金子さんによると、虐待などで幼いころから身の安全を脅かされてきた子どもの多くは「いい子」で、助けを求めないため、周囲に気付かれにくいという。自身が置かれた環境に疑問を感じにくく、「学校で問題を起こしたら、親からひどい目に遭うのではないか」とおびえる子どももいる。川口事件の少年の場合も周囲の印象は「礼儀正しい子」で、事件前に周りに助けを求めた形跡はなかった。

こうした子どもたちをどう救うのか。金子さんは「親が悪いと責めても、何も変わらない。学校や地域が情報共有し、点ではなく線で子どもを支えることが重要」と強調する。

地域の保健センターの保健師らと情報を共有する仕組み作りに力を入れ、学校に地域の人を招いて子どもに関心を持ってもらう取り組みを進める一方、保健室に来る子どもを「あなた自身が力をつけなさい」と励まし、おにぎりの作り方や洗濯の仕方を教え、生きるすべを伝えている。

◇

「道ばたで見かける助けを必要としている子どもに、少しでも気持ちを向けてほしい。記事がそのきっかけになるのなら」

昨年（2015年）9月、東京高裁判決後に記者が東京拘置所で少年に面会した時、少年は取材を受ける理由についてこう語った。

家がなくホテルや路上を転々としていた小学5年から中学2年の間、少年はすれ違う人たちの冷たい視線を感じたという。一方で、ボストンバッグを持って路上をさまよう自分と似た目をした子どもを見かけることもあったと吐露した。

「そういう子どもを見かけた時に、『(貧困や虐待といった) 背景があるのかもしれない』と想像し、助けてあげてほしい」

面会時間の終了が告げられると、少年は少し照れたように会釈し、拘置所の奥に姿を消した。

（転載終わり）

近年の少年事件の背景

【ＮＰＯ法人・さいたまユースサポートネット　青砥恭代表理事に聞く】

Ｑ　最近の少年犯罪の特徴は何ですか？

Ａ　背景に、虐待や貧困があるケースが増えていることです。こういうケースでは多くの場合、若者たちと学校との関係が切れています。子どもにとって、学校＝社会です。学校との関係が切れるということは社会との関係が切れることを意味し、支援は届かなくなってしまいます。

Ｑ　具体的にはどんなケースがありますか。

Ａ　２０１５年に川崎市の河川敷で中学1年の男子生徒が、18歳と17歳の少年３人にカッターナイフで切り付けられて死亡した事件です。被害者、加害者共に親がシングルマザーだったり外国籍だったり、経済的にも困難を抱える、社会から孤立した家庭の子どもたちの小さなコミュニティで起きた事件です。

また、広島県呉市の山中で2013年6月、専修学校の女子生徒（当時16歳）が、集団暴行の末に殺害、遺棄された事件もそうです。事件の発端は元同級生の少女(当時16歳）との無料通信アプリ「ライン」上でのけんかで、少女ら計7人が逮捕されました。加害者の少女は幼少期に両親が離婚して母親と祖母から虐待を受けて育ちました。事件1カ月前からは家を出て、事件の共犯者となった、似た境遇の少年少女と「ファミリー」と称してアパートで共同生活を送っていました。家庭に居場所がない子どもたちが、このような共同生活を送り、社会から孤立した生活をしているケースは非常に多いです。

子どもは家庭内で、親からお金や負債の「経済資本」と、教養や学歴、言語能力などの「文化資本」を相続しますが、どちらもプラスのものもあれば、マイナスのものもあります。

学校間の格差が拡大していますが、背景には、親の収入（経済資本）だけではなく、生徒の家族が持つ芸術、読書など文化や趣味、教養や言語（文化資本）などの大きな格差が子どもたちの世界にも反映しています。子どもの居場所には、子どもたちがつながる、遊びや学び、交流が可能な空間が必要です。本来は学校がその場を保障しなければならないのですが、学校の階層化で子どもたちのコミュニティも階層ごとに小さく分断されています。中でも、家族からお金（経済資本）も生活面（文化資本）もマイナス面しか相続できなかった子どもが、不登校や中退によって一層学校での居場所を失い、学校や社会からの応援もなく、孤立し、最後は犯罪につながっています。

こうした、子どもたちの階層格差を超える役割が学校にはありますが、学校の機能が低下しています。格差が多様化し外国籍など多様な生徒が交じり合う今の教育現場では、かつてのように全校生徒を体育館に集めて、まとめて一喝するような生徒指導は通用せず、無数にできた多種多様でバラバラな小さな集団を前に、教師たちは一層難しい対応を迫られています。

Q　優希のように住民票を残したまま親と各地を転々とし学校に通わせてもらえない子どもたちや、親に連れられ行政の支援から逃げるように姿を消してしまう子どもたち……。こうした子どもたちを救えるシステムはあるのでしょうか。

A　子どもが生まれた時に、３カ月健診や６カ月健診などがありますね。それぐらい初期の段階で、虐待などのリスクのある子どもたちのデータベースを作ることが必要です。

イギリスでは1997年にトニー・ブレアの労働党政権ができてから、当時20％だった子どもの貧困率を下げるために様々な取り組みがなされました。当時は子どもの貧困率は先進国でトップでしたが、今は日本よりもずっと低い。逆に日本は、先進国の中でもトップクラスの16％に達していますから。

イギリスでは貧困率を下げるための様々な政策を取った時に、虐待などの問題を抱える子どもたちの情報を支援者が共有するためにデータベース化したのです。

私は、子どもの貧困対策でまずやらねばならないのはデータベース化だと思います。なぜなら、子どもの貧困対策は、子ども期だけやれば解決するわけではなく、長いスパンでの切れ目のない支援が必要だからです。

Q　具体的にはどういうことですか。

A　例えば、幼児期ならば親の支援が中心になります。小学校に入れば親の支援だけではなく、子どもの学力向上や居場所作りの支援も必要になるでしょう。中高生になると、その他に子どもの自立支援、学び直し、就職などの進路支援が必要になります。このように、少しずつ支援の形が変わっていきます。幼児期は大切ですが、それだけでは解決しません。

不登校や中退、触法行為をして少年院に行くなど一度社会から逸脱しても、再び支援のサイクルに戻って学び直しができるようにするために必要なのが、データベースなのです。それがないと、長いスパンでの寄り添い型の支援はできません。

川口の事件の少年の場合は、小学5年で静岡に住民票を残したままどこかに行ってしまって、静岡の学校は行き先を突き止めることができませんでした。居所不明ではないものの、中学で不登校になるのも似ていて、教師が家庭に出向かない限り子どもの状況は見えなくなり、追いかけられなくなります。高校で中退するたくさんの若者たちは社会のどこともつながりがなくなるので、支援は届かなくなります。

子どもにとって唯一の社会との接点である学校とのつながりが切れることで、「もう終わり」という状況になってしまい、貧困層で特にその傾向が顕著です。学校から外れたら放ったらかしで、貧困層に対する国のサービスが十分でないから「国内難民化」するのです。

Q　データベースとはどんなものですか。

A　対象はすべての子どもというよりも、リスクのある子どもになるでしょう。学校、保健所、児童相談所、保育所などで担当職員が登録や閲覧ができ、もしも子どもが突然いなくなってしまったら、それを使って調べられる仕組みです。

Q　川口の事件の少年の場合、中学生の年齢の時に横浜の児童相談所と接点を持ちましたが児相に保護されることはありませんでした。

A　データベースがあれば、点が線でつながり、適切な対応ができたかもしれません。

少年と妹の場合は、明らかに一時保護が必要なレベルだったと思います。学校に行かせていないこと自体が虐待で、子どもの発達を非常に阻害する行為です。まして、生後半年の妹を連れて野宿していたなんて、とんでもない状況です。

後から考えれば児相の対応に問題がなかったとは言えませんが、もしデータベースがあって児相が少年の過去の情報を閲覧できれば、親が子どもの養育にとって適切ではない因子を持っているということを早い段階で把握できたはずです。保護された時の状況だけでなく、過去の情報とあわせて総合的に判断すれば、親が拒否しても強制的に保護するという結論になったかもしれません。

そうした仕組みなしに、児相だけを責めても根本的な問題解決にはなりません。子どもたちにとって大切な社会資源である学校から断絶されれば、社会からの保護ができなくなるという事態だけは避けなければなりません。

「経済的虐待」と親への支援

【理化学研究所脳科学総合研究センター（当時）　黒田公美医学博士に聞く】

この事件は、表面的には少年による強盗殺人事件ですが、その背景には、少年が親から受けてきた、様々な種類の虐待があります。児童虐待の主要なカテゴリーには、身体的虐待、心理的虐待、性的虐待、（教育や適切な医療を受けさせないことを含む）ネグレクトがあります。今回の事件にはこのすべてが当てはまると考えられますが、もう一つ、「経済的虐待」に特に注目する必要があります。

最近特に高齢者虐待の方でよく知られるようになった経済的虐待は、親族や世話をする人が世話をされる人の預金や年金を使ってしまうものですが、子どもに万引きや児童ポルノなどの犯罪をさせて金を稼がせたり、子どもの奨学金を親が使い込んだりするなどの行為も、虐待として認識されるべきです。

この事件の場合も、少年は幼い頃から生計を助ける責任を不当に負わされており、学校の部活動で必要だと嘘をついて父方の親族に送金させるよう強いられていました。また16歳からは建築関係の仕事をし、働いていない母親と妹の生活費や遊興費を入手する責任を負っていました。そして事件の直前まで「妹がお腹をすかせているのはお前のせいだ」「仕事もお金もない。こうなったのはお前のせいだ」などの言葉で追い込まれていました。つまりこの事件は、少年による強盗殺人事件というよりも、親による子への経済的虐待の極端な事例ととらえる方が当を得ていると考えられます。

この事件に限らず、少年事件の場合は、不適切な養育環境が関与している場合が多いので、養育者自身の心理的状況や依存症を含む精神疾患の有無、生育歴にまでさかのぼり、事件の背景を丁寧に調べる必要があると思います。それは事件解明にとってだけではなく、その後の親子双方の支援にとって必要なことなのです。

このように言うと、「なぜ虐待するような親を支援しないといけないのか」という声がよく聞かれるのですが、まずどんな親も、生物学的な親は子どもにとっては自分と遺伝情報（ＤＮＡ）の半分を共有する、特別な存在です。さらに今回の事件の少年とその妹のように、親が愛着対象である場合には、子どもは少なくとも小さい間は、その愛着対象にしがみつく本能を持っていますので、親から引き離し親を罰すれば子どもが幸せになれるというものではないのです。

親と一緒に暮らすことが適切でない場合であっても、親がまったく変わっていないのと、虐待を心から反省し、手紙ででも謝ってくれるのとでは、子どもにとっては大違いです。つまり親への支援は、まず子どもの利益のためなのです。

それに虐待する親も、心からこれでいいと思っていることはほとんどありません。自分自身の小さい頃の被虐待体験やそれに起因する依存症などのこころの問題、さらには貧困やドメスティックバイオレンスなどの問題に苦しみ、その結果、子どもを虐待するに至ってしまっていることも多いのです。子どもが虐待を受けると、学校での暴力や、非行のような形でSOSサインを出す場合があるように、子ども虐待は親のSOSであるととらえる視点も必要ではないでしょうか。

その上現実問題として、本事件の母親には少年以外にまだ幼い娘（少年の妹）もいます。刑期を終え、そのうちに娘と生活を共にすることになるかもしれません。成人してからでも、実の親子がその後永遠に会わないとは考えにくいものです。その時に、母子が必要な支援を受けられなければ、同じことが繰り返されてしまう可能性もあるのです。

母親とは面談したことがないので確定的なことは言えませんが、生活保護を得てもホテル宿泊やゲームセンターなどで数日で使い切ってしまうような極端な浪費は、性格という認識で済ませるのではなく、経済的計画性や衝動性の制御などに専門的支援が必要であった可能性があります。

最近、認知症や、頭部外傷などによる高次脳機能障害、また軽度知的障害などの場合に、金銭管理能力の問題が取り上げられるようになってきました。しかし障害と認められていなくても、計画的に家計を管理することができず、消費者金融やクレジットカードなどで借金を重ねてしまう世帯に、教育プログラムを提供して消費行動を改善する試みがアメリカなどでは行われています。

日本でも、このような視点を持ち、世帯の金銭管理能力にあわせて子ども手当や生活保護費などの支給形態を（例えば月1回の現金支給ではなく、現物支給なども含め）柔軟に変更できるような制度が望ましいと考えられます。少なくとも、この家族が生活保護につながり、少年もフリースクールに通うことができるようになっていたわずかな期間に、このような家計の状況に学校や福祉関係者などが気づき、アセスメントして支援することができていれば、状況は変わっていたのではないでしょうか。

一般的な児童虐待でも、虐待を行った保護者に対する支援は非常に遅れています。

虐待というと被害を受けた子どもの支援という話になりますが、本当に治療や支援が必要なのはむしろ親の方です。親の立ち直りなくして根本的な問題の解決、すなわち子どもの幸せを実現するのは難しいのです。

アルコール依存やギャンブル依存を含め、虐待をする親が広義のメンタルヘルス問題を抱えていることは、統計にもよりますが半数以上とかなり多いものです。児童虐待のリスクでもっとも重要なのは「貧困」と言われていますが、それは相関関係であり、貧困だから虐待が起きるという因果関係は必ずしも成り立ちません。もちろん、貧困が実際に親の生きづらさの原因となり、結果的に虐待につながるケースもありますが、それ以外にも、対人関係の問題や依存症などの広い意味でのメンタルヘルス問題が根本にあり、それが貧困と虐待の両方につながっていると思われるケースも多いのです。その場合には、根本要因に対処せずに現金支給を続けても貧困は改善しません。

したがって子ども虐待への対応では、親の子どもに対する関係にとどまらず、親自身の困っていることを聞き、その実情にあわせ柔軟な支援が提供されることが望ましいのですが、子ども虐待対応は児童福祉の枠組みで行われるため、なかなか難しいのです。児童福祉と精神保健福祉など他の制度の枠組みにまたがった総合的な支援を行うには、個人の児童福祉司の努力にばかり求めるのではなく、制度として福祉連携をもっと充実させる必要があるのではないでしょうか。

【NPO法人・PIECES　小澤いぶき代表理事に聞く】

NPO法人・PIECESは東京都文京区に事務所を構え、貧困や虐待、不登校といった背景により孤立しやすくなっている子どもたちの孤立の予防に取り組む団体。困難を抱えた子どもたちが孤立しないように伴走する「コミュニティユースワーカー」の育成プログラムを開発・実施し、子どもたちに寄り添いながらきめ細かな支援を行う人材の育成などを行っている。メンバーは児童精神科医や社会福祉士、教育の研究者、市民などだ。

児童精神科医として虐待を受けた子どもたちの治療にも携わってきた小澤いぶき代表理事に、虐待を受けた子どもたちの心のケアや、困難を抱える子どもたちが孤立しないためにはどうしたらよいか、などについて話を聞いた。

Q　虐待を受けた子どもは、心理的にどんな困難を抱えることになるのでしょうか?

Ａ　まず、虐待と一言に言っても様々なタイプがあります。身体を傷つけられる、傷つくおそれがあるような暴行を加えられる「身体的虐待」以外にも、暴言や差別など相手の尊厳・人格を否定するような言葉を受ける「心理的虐待」、児童にわいせつな行為をする「性的虐待」、そして、必要なケアが受けられない、必要な機会を提供されない「ネグレクト」があります。

こういった虐待にさらされる環境が、子どもの脳の発達にも影響することが福井大学の研究で明らかになっています。

さらに、安心・安全でない、いつ何が起こるか分からない、誰も関心を向けてくれない、そんな環境の中で生き抜いていくことは、子どもの心にも影響を及ぼします。こういった環境は、子どもにとって対処し切れない心理的ストレスであり、トラウマ（心的外傷）体験となることがあります。

最近では、このトラウマ体験が背景にある可能性を念頭に置いて虐待を受けた子どもに関わっていく「トラウマインフォームドケア」が必要だと、専門家からも言われています。

Ｑ　トラウマインフォームドケアとは何ですか？

Ａ　医師や臨床心理士などの治療者や子ども本人だけでなく、日常生活で子どもに関わる人たちが、トラウマを体験することによってどんな症状が出るか、トラウマがどんな影響をその子に及ぼしているかなど、トラウマを熟知した上で子どものケアや適切な対応をしていくことです。

トラウマ体験によって様々な症状が出現し、様々な影響が出ます。その影響を自分も周りも知らないと、子どもは自分を責め、「こんなことが起こっているのは自分のせいだ」と思ったり、自分をコントロールできない感覚に、自分への信頼感を失っていったりすることがあります。

また、トラウマについて周りが知らないことにより、そんな本人をさらに責めてしまうような対応がなされることも起こりえます。

Q　そもそも虐待はなぜ起こるのでしょうか？

A　虐待が起こる背景には、様々な要因が複雑に絡み合っています。その中の一つの要因として、養育が社会化されていないことによる、養育者の社会的な孤立があるのではないかと思います。

子育てのためのお金や安全な家、食などの物理的な安定、子どもの精神的な安定や成長といった子育てに関わる様々なことを、誰の助けもなく家族だけで、一人の親の場合は一人だけで、抱えなければならない状況だと、養育者に時間も余裕も余力もなくなっていきます。そういった中での一つの結果が、虐待になることもあります。

虐待やネグレクトの中にいた子どもは、人から大切にされた体験がなく、さらにそうした状況から助けてくれる人が誰もいないと、自分を大切にすることが難しくなります。自分を大切にすることが難しいと自分から誰かに助けを求めなくなり、さらに他の誰かからの助けも受けられなくなります。

こういった循環の中で他者との関係が途切れ、人や社会を信頼できなくなっていきます。人や社会への信頼感がなくなった結果、孤立が深まり、さらに困難が大きくなります。

「自立とは多様な依存先があること」。「当事者研究」の研究でも知られる東京大学先端科学技術研究センターの熊谷晋一郎准教授もこう言っていますが、多様な依存先があることは、孤立しづらさにつながるのではないかと思います。同時に、この多様な依存先につながっていくためには、そこにつながる足場が必要です。

足場は、内在化された人や社会への信頼感とも言えます。子どもたちは、一人の特定の人との信頼関係を通して社会への信頼を培っていきます。人や社会への信頼、そして自分への信頼は、何かを自分で選択し決定していく時に大事な足場となります。そして、この信頼感を通して、多様な依存先につながっていくことが、孤立しにくさにもつながります。

誰かとの安心で信頼のある関係が内在化されていると、それが、社会にある様々な頼り先への足場になるだけでなく、その人が何か困難に遭った時の足場にもなります。

Q　罪を犯し少年院に入ったり刑務所で服役したりしている人の中には、過去に虐待を受けた経験がある人が少なくありません。そうした人に対し、どのような支援が必要だと考えますか？

A　出院や出所の前に、「加害」への対応だけでなく、過去に受けてきた虐待による心理的な外傷といった「被害体験」の影響にも目を向け、医療・心理領域のケアを行うことも必要なのではないかと思います。それと同時に、出院・出所後、社会で孤立しないこと、さらに社会から排除されないことがとても大切です。

具体的には、社会に出てからの仕事につながっていくような、プログラミングのようなスキル等を学んで身につけられる環境や、何か困ったことがあった時に助けを求められるような人や場の環境を作る。人に助けを求めていいことを知り、助けの求め方などの知恵を身につけられる環境も必要だと思います。

社会に戻った後にその人の存在が包摂される、生活の足場となるような信頼と安心のある人やコミュニティとのつながりが出所前からあることで、社会で生きていくための知恵を学んでいけます。こういった「その人にとって」の人やコミュニティは複数あることがとても大切なのではないかと考えています。

Q　特に大人の場合、罪を犯した人に教育や支援は必要ないという考え方もありますが？

A　犯罪の行為自体と、なぜそれが起こったのか、そして何がどう必要なのか、に分けて考えてみたいと思います。

犯罪自体は確かに許されない行為です。ただ、なぜ起こったのかについてまで目を向けること、そして、その後のその人の人生が社会から排除されないことはとても大切で、これは、再犯を予防するという視点でも重要です。

そのためには、自分で判断や選択をしていく、困った時に頼れる誰かとの信頼がある、社会での役割や依存先がある、生きていくための知恵や仕事につながっていくような様々なスキルを獲得する機会がある、といったことがとても大切です。これは、時間をかけて、関係性を通して生まれたり、学んだりしていくことです。

例えば、その人のこれまでの人生の中で、もし虐待やいじめなどの中で誰にも助けてもらえない、そんな無関心な社会の中で孤立していた体験があるのだとしたら。例えば、自己決定する、自分で判断するといった権利すら奪われていたとしたら。

人が時間をかけて人との関わりの中で学んでいく機会をこれまで奪われていたのに、出所後に、その人が急に誰かを信頼して頼る、適切に判断や選択、決定をするといったことができるようになるわけではありません。

その、生きていくことに必要な様々なことを再構築していく関係性や機会を作らないのは、社会としてはとても無責任なのではないかと思います。そして、機会を作らない結果、社会としてその人を排除していくことにもなるのではないでしょうか。

Q　少年事件の場合、少年院などで矯正教育を受け本人が新たな気持ちで生きていこうと思っても、環境によっては、事件前と同じ状況に引き戻されてしまいがちです。これを食い止めるにはどうしたらよいのでしょうか？

A　出院後、依存先がないと孤立していく可能性があります。また、依存先が一つしかなく、その依存先がその子の長期的な幸せにつながりにくい場合、また同じような状況に陥る可能性もあります。

ですので、信頼できる人や場がいくつかあって、そこを通して、その人にとっての長期的な幸せにもつながっていくような頼り先が多様にあることが大切なのではないかと思います。

Q　PIECESでは、こうした孤立を防ぐ取り組みをしているのですか？

A　はい。貧困など様々な困難の中で育つ乳幼児期から20歳くらいまでの子どもや若者を対象に、子どもが孤立せずに生きていける仕組みを社会に作ろうとしています。この活動が、そうした場合にも有効なのではないかと思います。

ＰＩＥＣＥＳでは、まず特定の人と信頼を作り、そしてそれを通して様々な頼り先や価値観とつながる、という二つのステップを通じ、孤立しにくい環境を子どもたちの周りに作っています。

子どもたちはちゃんと関心を向けてもらう中で少しずつ信頼を作っていきます。ですので、まずは特定の人が丁寧にその子に関心を向けていくことで信頼を育んでいきます。誰か一人の信頼できる人とつながれることで、孤立が解消されます。そしてその特定の人を通して、様々な頼り先や価値観に出会い、自分自身でいろいろな人に頼り、様々な体験をしながら自分の道を作っていきます。

多様な人に頼れるようになり様々な価値観に触れていくと、その子は孤立しにくくなり、より豊かな人生を生きていきます。この、いろいろな頼り先や価値観と、それと子どもとの間を媒介する特定の人との信頼感との両方があることが大切です。

この「特定の人」を担うのが、PIECESが育成しているコミュニティユースワーカーです。コミュニティユースワーカーは、孤立している子どもたちとつながって信頼関係を築き、社会の様々なリソース（資源）と協力して、その子どもたちを社会につなげていく取り組みをしています。

Q　コミュニティユースワーカーは、具体的にどのような活動をしているのでしょうか？

A　子どもたちと出会い、例えば親戚や近所のお兄さん・お姉さんのような、支援する側・される側ではない、何気ない日常を一緒に過ごす関わりをしています。

そうすると、子どもたちがぽろっと困りごとや願いを話すようになるのです。そういった子どもたちのニーズや願いに合わせて、子どもたちに伴走する場を作っています。そこに他の子や協力してくれる大人も参加し、様々な大人と出会って信頼の範囲が広がっていく中で、子どもたちが成長していきます。

例えば、ゲーム制作会社のクリエーターさんたちに協力してもらい、ゲームを作る活動もその一つです。これは、ある一人の男の子の「プログラミングをやってみたい」という願いから始まりました。

参加する小学生から高校生の子どもたちがチームに分かれ、ゲームクリエーターの方々にゲームの作り方やプログラミングを教えてもらいながら、協力し合って好きなゲームを制作していきます。

子どもたちは、プログラミングに興味がある子はプログラミング、イラストが得意な子はキャラクターデザイン、物語を作るのが好きな子はゲームのストーリー作りなど、それぞれの好きなことや得意なことを生かしてチームに参加します。

私たちは、この場も、さらに場の中にできている複数の小さな子どもや大人のチームも、一つのコミュニティと考えています。

子どもたちは自分の意思で主体的に、自分にとって心地よいと感じられるコミュニティに参加しています。一人でいることも尊重されますし、ゲーム作りをしなくても、違うことをして楽しむことも尊重されます。その場では、まずはその子の存在が、そして選んだことが尊重されます。大人が一方的に決めたり教えたりはしません。大人も一緒に楽しんでいて、お互いが個々を活かし合っていけるような規範と、補い合うネットワークも生まれています。

チームで話し合ったり協力したりしながら一つのゲームを完成させることは簡単

なことではありませんが、自分の強みを生かしながらチームでうまくいく成功体験を積み重ねていく中で、自分でも何かができるのだという可能性への信頼が育まれています。

その他にも、料理に興味を持った子がたくさんの人を招いて料理を振る舞う「子どもトラットリア」を、様々な大人の協力を得ながら開催したこともあります。こうやって、一人一人の子どもたちの「やってみたい」を応援しています。

Q　子どもたちの依存先を増やすために新たなコミュニティを作る時、大切なことは何ですか？

A　コミュニティの中に、子どもたちにとっていろいろな役割があること、子どもたちがそこに居ていいと思える安心感があること、存在を尊重し合えることが大切です。さらに、コミュニティ自体が子どもたちにとって魅力的で、子ども自らが選んで参加したくなるものであることもとても大切だと思っています。

こういった、子どもの存在が尊重され包摂されるコミュニティが、どの子にも複数、いろいろなところにあることが、セーフティネットにもなりますし、そして、子どもが孤立せずに、社会に包摂されていく上でもとても大切なのではないかと思います。こういったコミュニティを、経済的な側面も合わせて、どうしたら地域の中に、そして日本の様々なところにもっと増やしていけるのかを模索しています。

活動を通し、信頼できる誰かとつながり、その信頼できる人を通して様々な人や価値観と出会いながら、自分で自分の道を作り出す子どもたちの力と出会ってきました。だからこそ、子どもたちの困難さや生きづらさも、信頼や希望も、どちらも「関係性」によって生まれると感じています。これは、子どもたちにとってだけでなく、私たち誰もにとって同じなのです。

Q　この社会では、誰もが孤立する可能性があるということですか？

A　はい。例えば、経済的な困窮、いじめ、暴力や無関心、障害や病気などの背景により、誰にも助けを求められない、誰も自分に関心を向けず孤立するということは、誰かだけに起こる特別な状況ではありません。私たちは誰もが容易に孤立してしまう、そんな社会の構造があります。

そして、それがより小さな子どもであったら、なおさら起こりやすくなります。地域で、学校で、そして家庭で、孤立は隣に誰かがいても起こっています。

日本にある孤立はとても見えづらくなっています。見えにくい孤立は、気づかれづらく、手を差し伸べられづらい。そんな中で誰かに助けを求めても、その声は社会に届きません。私たちがちゃんと関心を持って、子どもたちや社会と関わっていかなければ、孤立は見えません。

例えば、私たちが路上で生活する家のない人と出会ったとしても、そこに関心を向けずにただ素通りしていたら、そこに起こっている孤立や困難さは見えません。

PIECESは、そんな孤立が起こりやすい、社会の無関心による社会的排除が課題であると考えています。例えば家庭や学校から孤立しそうな時、それでもなんとかなるようないろいろな依存先を作っていくことが必要です。

過去、地域が家庭や学校と共に、子どもを育てる機能の一端を担ってきました。しかし、これまでの社会構造により、地域のつながりや機能が希薄化し、家庭や学校、行政だけが子どもが育つ時に必要な機能を担わなければならなくなっています。けれど、家族の形態も変化し、それらを担うのが困難な現状があります。そのため、子どもが家庭や学校で孤立すると、他に頼り先がなくどこにも居場所がなくなってしまいます。
Q　そのように、過去に地域が担ってきた機能が衰退すると、どのようなことが起こるのですか？
A　いわゆる「共助」がなくなっていくので、助け合う、支え合うといった、助け合いの網が少なくなります。つまり、経済的な支えや精神的な支えといった生きていく上で必要なことを、共助で支え合うことが難しくなります。

誰かに、そして社会に関心を向けて、共助を作っていくのには、いろいろな「間」が必要です。例えば、時間、安心で信頼のある関係性、それが生まれやすい空間。時間も気持ちの余白もまったくない状態を社会が作り出していたとしたら、時間も余裕もない中、誰かに関心を向けづらくなり、社会の無関心が進みます。

無関心が進むと、誰かのことや、社会で起こっていることが自分ごと化されづらくなり、自分のことは自分でやるか行政に任せる状態が進み、誰かに頼りづらい社会になります。これにより、より孤立しやすく、格差が開き固定化され、分断が進んでいく社会になっていくのではないかと思います。

だから、家庭だけ、学校だけ、行政だけでなく、家庭や学校、行政と一緒にこれまで地域が担っていた、例えば家庭が困難な時の安心基地や、文化資本や関係資本、経済資本の補完、経験や機会の補完を、新しい共助の形として私たち市民誰もがちょっとずつ、お互いに手を差し伸べ合い、補い合うことで作っていく必要があります。

一人一人の多様な「できること」が、子どもたちが孤立せずに誰かに頼りながら豊かに生きていく道のりを作っていきます。一人一人の力が、私たち誰もが孤立しにくい豊かな社会を作っていくのを、少しずつ少しずつ進めていく大きな力になります。

おわりに

事件を起こす数日前、優希は当時勤務していた塗装会社の先輩に「なんの為に生きているのかが分からない」と疑問をぶつけた。期待した明確な答えは返ってこず、優希は「人を頼るのは間違いだと思った」と落胆した。

誰が、優希のこの問いに納得のいく答えを持ち合わせているだろうか。まして20代だった先輩に、幸子に際限なく搾取される生活に絶望した優希を納得させる言葉を期待するのは酷だ。

優希の問いは、先輩というよりもむしろ大人や社会に向けられた言葉のように筆者には感じられた。

取材と執筆の期間中、優希のこの問いに自分なら何と答えるだろうかとずっと考えていた。しかし、言葉で説明して納得できるような答えは、当然ながらそう簡単には見つからない。そもそも、誰もが納得する「生きる意味」なんてあるのだろうかと途方に暮れた。

しかし取材を進めるうちに、その答えの一つは優希の中にあるように思えてきた。優希は過酷な生活の中で、「家庭の温かさを教えてあげたい」と、妹の結衣を懸命に世話して守ろうとしていた。そして、フリースクールに通っていた頃やその前後の時期に、携帯電話を使ってインターネット上のブログサイトで知り合った同世代に対し、悩みを聞いて助けてあげようとしたことがあった。

自分のこともままならない優希が他者を助けようとしたのは、優希の優しさもあるが、優希自身も無意識のうちに人を助け必要とされることで「生きる意味」を見出そうと、もがいていたのかもしれない。

事件を起こした直後、優希が宿泊先のホテルで聴いた「あかり」という曲には、「小さな小さな　あかりでも　きっと誰かを照らせるんだ　僕だって　あなたが必要なんだ　僕だって　あなたに必要とされたいんだ　ずっと」という一節がある。究極に追い込まれた状況でも、人は他者に助けてもらうことだけでなく、他者から必要とされることを望み、それが生への動機になっていくのではないだろうか。

取材中、何度か思い出し頭の中で反芻《はんすう》した言葉があった。それは、2010年に毎日新聞東京本社の夕刊編集部に在籍中に、獣医師で日本初のパンダ飼育に携わった元上野動物園園長、故・中川志郎氏にインタビューをさせていただいた際の言葉だった。

人間の赤ちゃんは、母親などとの間で結ばれた「原信頼（ベーシックトラスト）」を基礎に、他者、ひいては社会を信頼していくとされている。中川氏は、最近の人間社会では生物の世界ではありえない虐待が起き、被害を受けた子どもは人や社会を信頼できないことを憂いて以下のように語った。

「ヒトの幸福は共感することです。最近の学説では、共感によって安心や幸福を感じるのは、大脳皮質などよりももっと奥にある『爬虫《はちゅう》類脳』だと言われています。共感能力は大昔から生物に備わっていたものだということです。（中略）コミュニケーション能力が低下し、そういう最も幸福な状況に恐ろしくて入っていけない焦燥感が、さまざまな事件を生んでいるように思えてなりません」

　過酷な生活の中、虐待による対人恐怖を抱えた優希が、それでも人との関わりを求めてネットで人との接し方について検索したり、同世代の悩み相談に乗ったりしては、うまくいかずに絶望を深めていったことを知った時、中川氏のこの話が思い浮かんだのだった。

　服役中の優希は今、犯した罪に向かい合いながら、自分のような貧困や居所不明の子どもたち、そして育った環境で身近にいたような性産業で働く人たちが笑い合える場所をどうやったら作れるのかと考えているという。

　優希のこの思いを支えることは、優希の「生きる意味」を支えることにつながる。

　そして適切な支援と教育の機会を得て、優希が人と「共感」することの喜びを本当に知った時、被害者と被害者のことを大切に思う人たちからその喜びを自分が奪ってしまったことの罪の重さを改めて実感するだろう。優希は、刑期を終えて出所した後もこの重みを背負って生きることになるだろう。あまりの重みに押しつぶされそうになることもあるかもしれない。その時に、下や後ろではなく前を向いて歩を進めることができるよう、「同じ境遇の子どもたちを助けたい」という優希の思いを支えるサポートが届くことを願っている。

ここまで書いて、優希のような子どもたちが見過ごされない社会にするにはどうしたらよいのかと改めて考えた時、またしてもその答えは既に優希の中にあったことに気づいて思わず小さなため息が出た。「第五章　少年の手記」の中にはこんな記述があった。

「みんながみんな『こんな社会になってくれ』と望むだけで、誰もそうしようと行動しなければ意味がありません。（中略）貧困のない社会を望むなら普段からそのような人を見つけたら助けてあげてください」

子どもの虐待や貧困に心を痛める一人一人の、あと一歩の想像力と、あと一歩の行動が、声にならないSOSを発する子どもたちを救い、私たち自身が「生きたい」と思える社会を作ることにつながるはずだ。

文庫版あとがき

単行本の出版から2年が経った。書籍を通して事件を知り優希の支援を申し出られた方々と優希との新たな交流が生まれ、著者と優希との手紙などによるやり取りも続いている。

出版から間もない2017年11月には、優希を支援したいという方々と優希をつなぐ窓口となるため、「誰もボクを見ていない支援の会」という任意団体が静かに誕生した。刑事裁判で優希の代理人を務めた松山馨弁護士が会長、書籍の第六章でインタビューに応じてくださった米・ニューヨーク州の弁護士、渡辺葉さんが副会長を務め、著者も事務局として関わる。寄せられた支援金を歯科治療費などとして優希に送ったり、優希からの困りごとの相談に乗ったりするのが主な役割だ。

事件に心動かされた方が「何かしたい」と思っても、優希に思いを届ける手段がなければ伝わらない。逆に、思いが届けば両者の交流から何かが生まれるかもしれない。会の設立は、その可能性を潰さないためだった。

様々な年代、性別、職業、価値観の方々と交流する中で、優希はコミュニケーションを学び直し、日々様々なことを考えながら成長しているように見える。

不思議な縁を感じる音楽を通した出会いもあった。優希は事件前から詞や小説を書くのが好きで、刑務所でも刑務作業が休みの日などに創作を続けてきた。そんな中、事件前日にJR北千住駅前の大型ビジョンで聴いた自殺対策のキャンペーンソング「あかり」を歌っていたバンド「ワカバ」（16年に活動休止）のボーカルだった松井亮太さんが、本書で事件のことを知り、優希と音楽を通した交流が始まったのだ。

二人を繋いだのは、横浜市の作編曲家、岩室晶子さんだった。横浜が舞台の一つとなったこの事件で優希を事件前に救えなかったことに心を痛めて支援に加わり、かつて一緒に仕事をしたことがあった松井さんと優希を繋いでくれた。

優希が書いた詞に松井さんがメロディを付けて曲を作ってはどうか。この提案を優希も歓迎し、二人は手紙を10通近くやり取りしながら19年初夏に「存在証明」という曲を完成させた。詞には、似た境遇の子どもたちを助けてあげたいという優希の思いが込められている。優希は曲の完成後、松井さんへの手紙に「(交流を通し)生きたいと思った」などと綴った。

事件が起きた埼玉でも、二度と優希のような子どもを生み出したくないという願いから支援の輪が広がった。さいたま市中央区の「カフェギャラリー南風《みなかぜ》」では、オーナーの山田ちづこさんのご尽力により事件について考えるイベントや「存在証明」のチャリティコンサートが開催され、支援の拠点になっている。横浜でも、岩室さんが運営に携わる「シェアリーカフェ」(都筑区)でコンサートなどが開かれた。事件から5年以上が経ってもなお、事件を忘れずに向き合おうとする方々が多くいることは、筆者にとって尊い希望の光だ。優希にとってはなおさらだろう。

埼玉県が子どもの貧困の連鎖解消を目的に2018年末に立ち上げた「こども応援ネットワーク埼玉」(行政、民間団体、企業、個人が緩やかにつながり課題解決のために連携するためのネットワーク)の関係者からの依頼で、優希は19年春に子どもの支援に取り組む方々に向けてメッセージを寄せた。そこには、「(事件後に多くの人の支援によって)私は可能性を得た」「(自分と似た境遇の子どもたちに)可能性を与えられる、貴方自身の可能性に気づいてください」と綴られていた。

日々様々なテーマを取材する新聞記者の筆者にとって、一つの事件についてこれだけ長く、深く関わりを続けることは極めてまれで、取材を始めた当初は想像もしていなかった。「何か自分にできることはないか」と一歩を踏み出した複数の支援者、その方々との交流を通してもがきながらも変化を続ける優希の姿を目の当たりにし、児童虐待や貧困問題、矯正教育などについてこれまでとは少し違った視点で考える機会をいただいている。

優希の刑期はまだ長く、出所後に向けいくつもの課題がある。状況は時間と共に変化し、先を見通すことは容易ではない。筆者にできることはわずかだが、優希や支援者の方々の姿から学ぶことは多い。優希や優希と似た境遇で生きる子どもたちを救いこれ以上被害者を生み出さないためには何が必要なのか。このことを考えながら、今いる場所から見えたことを掘り下げ発信していくことが、記者である筆者の役割なのだと思っている。

単行本を出版した当初、事件の背景を知った多くの人が「救いのない事件」だと言った。しかし、「続き」はあった。多くの方と優希自身が踏み出した「一歩」が、絶望に一筋の光をもたらす情景を、筆者はたしかに見たのだ。

かかわったすべての方々に、最大限の敬意と感謝を込めて。

2020年1月　山寺香

【誰もボクを見ていない支援の会】

◆連絡先　（darebokushienn@gmail.com）

◆口座情報　八十二銀行　大宮支店　普通　口座番号：３２４０８５
口座名義：誰もボクを見ていない支援の会

【「存在証明」について】

◆ネット上の通販サイト「横濱良品館」（http://yokogoo.com/）から購入できる。
売り上げの一部は、優希の支援のため寄付されている。

「存在証明」

歌詞：優希／作曲＆歌：松井亮太／編曲：岩室晶子

誰かに言葉をかけられるほど 私は人間出来てないんです
人には言えない罪も抱えています
確かな言葉をかけられるほど 上手に話も出来ないんです
人には言えないことは隠しています

でもね、そんなことが理由で 君に言葉をかけてくれる
誰かになれないというのなら 今だけは全て捨てます

ほんのわずかでも 君が少しでも 私を望んでくれるのなら
笑って ありがとうと 言ってくれるのなら
何度 何千度 何万度
君の為だけに 言葉を紡がせてください

誰かに笑顔を見せられるほど 私も人間信じてないんです
人には話せないことは隠されます
誰かと笑顔を交わし合う時も 周りの仕草見逃せないんです
人には言わないけれど もう穢れてます

でもね、そんなことが理由で 君に笑顔を向けてくれる
誰かになれないというのなら 今だけは全て捨てます

ほんのわずかでも 君が少しでも 私を望んでくれるのなら
笑って へんな顔と言ってくれるのなら
何度 何千度 何万度
君の為だけに 笑顔贈らせてください

せめて、これだけは言わせてほしい
君が生きてる意味はあるんだよ

ほんのわずかでも 君が少しでも 私を望んでくれるのなら
笑って ありがとうと 言ってくれるのなら
何度 何千度 何万度
君の為だけに 言葉を紡がせてください
君が歩んできた 軌跡を紡がせてください

少年と事件に関する出来事　年表

１９９６年	埼玉県内で少年が誕生
２００１年頃	関東近郊の父方祖母宅のそばで、両親と暮らす
２００３年　春	さいたま市内に戻りアパート暮らし。間もなく両親が別居
２００６年	両親が正式に離婚
２００７年　春	アパートを追い出され、母親の知人男性宅で暮らす
２００７年　10月	静岡県西伊豆町の旅館で母親と義父が住み込みの仕事を始める
２００７年　12月	西伊豆町に住民票を残したまま埼玉に戻る。少年は「居所不明児童」となる
２００８年　１月頃	さいたま市内のモーテルで暮らし始める
２０１０年	妹誕生
２０１０年　春	一家４人で横浜市内に移り、ホテル泊や野宿を繰り返す
２０１０年　８月	生活保護を受給し横浜市中区内の簡易宿泊所で暮らし始める
２０１０年　９月	少年がフリースクールに通学を始める
２０１１年　２月頃	簡易宿泊所から一家４人で姿を消す

2011年 5月	横浜市鶴見区の新聞販売店の寮で暮らし始める
2011年 11月	埼玉県南部の建設会社の寮で暮らし始める
2012年 8月	埼玉県南部の塗装会社の寮で暮らし始める
2012年 11月	義父が失踪し、代わって少年が塗装会社で働き家計を支える
2014年 3月26日	川口市で少年が祖父母を殺害しキャッシュカードなどを奪う
2014年 3月29日	祖父母の遺体が発見される
2014年 4月2日	少年が東京都内の解体業者で働き始める
2014年 4月29日	少年と母親が窃盗容疑で逮捕される
2014年 5月20日	少年が強盗殺人容疑で再逮捕される
2014年 5月28日	母親が強盗容疑で再逮捕される
2014年 9月19日	さいたま地裁が母親に懲役4年6カ月の判決。控訴せず刑が確定
2014年 12月15日	さいたま地裁で少年の裁判員裁判が始まる
2014年 12月25日	さいたま地裁が少年に懲役15年の判決。弁護側が即日控訴
2015年 6月17日	東京高裁で少年の控訴審第1回公判が開かれ、即日結審
2015年 9月4日	東京高裁が少年に、一審の懲役15年を支持する判決
2016年 6月8日	最高裁が少年側の上告を棄却する決定。懲役15年が確定

本書は２０１７年６月に小社より刊行されました。

誰もボクを見ていない

なぜ17歳の少年は、祖父母を殺害したのか

山寺 香

2020年4月 5 日　第1刷発行
2020年6月27日　第4刷

発行者　千葉 均
発行所　株式会社ポプラ社
〒102-8519　東京都千代田区麹町4-2-6
電話　03-5877-8109(営業)　03-5877-8112(編集)
ホームページ　www.poplar.co.jp
フォーマットデザイン　bookwall
校正・組版　株式会社鷗来堂
印刷・製本　中央精版印刷株式会社

N.D.C.916/278p/15cm　ISBN978-4-591-16646-8

P8101401